Mit Herz und Handschrift

Kreative Kalligraphie
und farbenfrohe Gestaltung

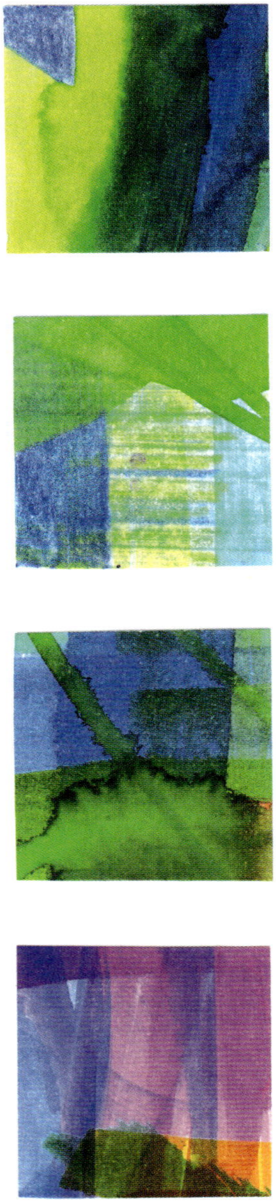

Es ist
die
hohe Kunst
des Lehrers,
die
Freude
am
Schaffen
zu
wecken.

Albert Einstein

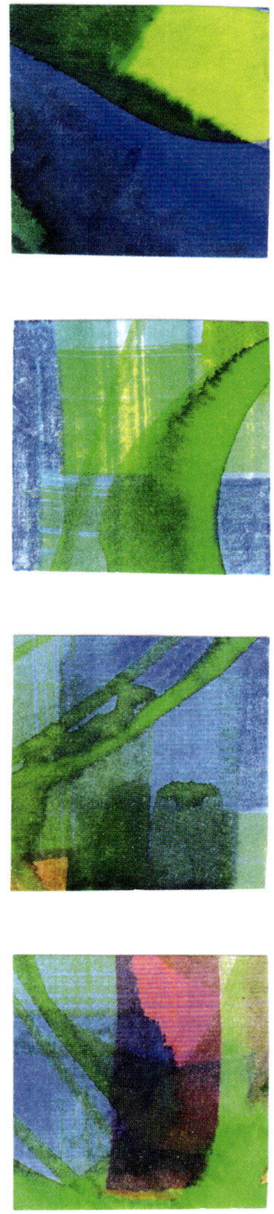

Mit Herz und Handschrift

Kreative Kalligraphie und farbenfrohe Gestaltung

Charlotte Kunz

Auf einen Blick

HINWEIS: Die im Buch mit ▶ gekennzeichneten Themen werden auf der DVD gezeigt, siehe S. 92.

Ein Vorwort mit einer schönen kleinen Geschichte

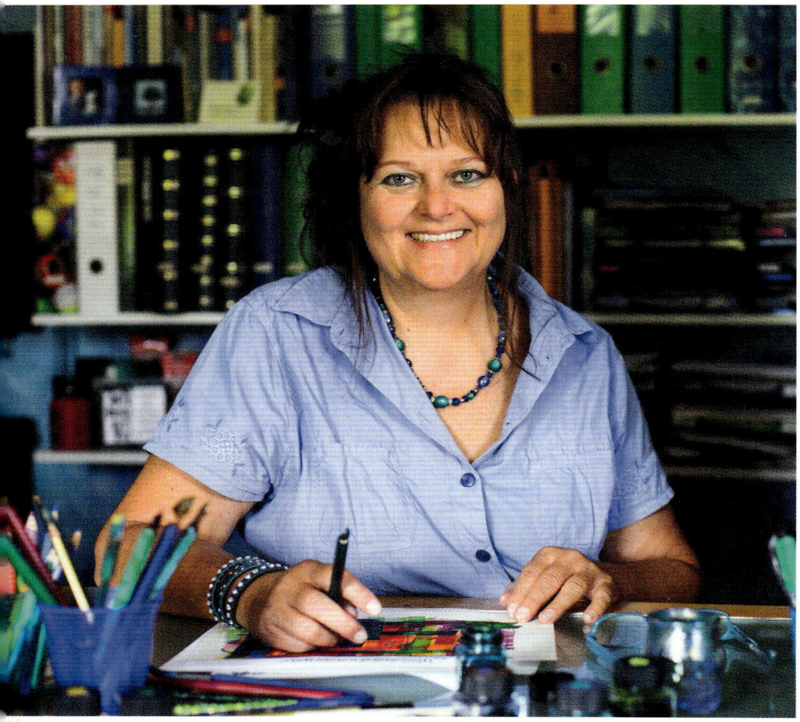

Guten Tag, liebe Leserin, lieber Leser!

Wie Sie schon an dem Spruch von Albert Einstein auf der ersten Seite sehen können, liegt es mir sehr am Herzen, FREUDE am Schreiben zu vermitteln und Menschen darin zu unterstützen, ihre eigene Kreativität zuzulassen. Dazu gehört ganz unbedingt das Loslassen von Perfektionismus und Wertung!

Wir verfügen alle über größere Fähigkeiten, als wir es glauben, und diese entdecken wir dann, wenn wir uns lange genug mit einer Sache beschäftigen. Und damit sind wir wieder bei der Freude. Denn nur wenn uns etwas Spaß macht, bleiben wir auch dabei und empfinden das Üben nicht als „Muss"!

Meine SchülerInnen erzählen mir oft, welche begeisterten Reaktionen sie auf handschriftlich Gestaltetes bekommen; manchmal wird Ihnen kaum geglaubt, dass hier kein Computer im Spiel war.

Die Geschichte meiner eigenen eindrucksvollsten Rückmeldung möchte ich Ihnen hier gerne erzählen, weil sie untrennbar mit diesem Buch verbunden ist:

Meine inzwischen erwachsenen Söhne hatten Spielsachen aussortiert, die ich für sie bei eBay verkauft habe, um ihnen mit dem Erlös zu Weihnachten eine Überraschung bereiten zu können. Auch wenn viele Sachen für nicht mehr als einen Euro weggingen, habe ich sie immer gut verpackt und die Adresse mit einem Kalligraphie-Filzstift geschrieben, so schön und schwungvoll, wie es der Platz erlaubt hat; meist habe ich sie sogar noch mit kleineren Ornamenten verziert. Dabei habe ich mir sehr gerne vorgestellt, dass es den Auspackenden Freude macht, ihren Namen so schön geschrieben zu sehen und dass der eine oder die andere vielleicht meine Webseite besucht.

Die Reaktion, die ich auf die allerletzte dieser Sendungen – es handelte sich um ein Harry-Potter-Kartenspiel für einen Euro – erhalten habe, hatte ich mir allerdings nur in meinen kühnsten Träumen so vorgestellt: Sie kam vom Geschäftsführer des frechverlages, Michael Zirn, der mir schrieb, dass der Umschlag ihn so beeindruckt hätte, dass er auf meine Webseite gegangen sei und diese sehr spannend fände. Er habe beruflich mit Kunst und Kalligraphie zu tun und wenn ich jemals mit dem Gedanken spielen würde, meine Kunst und mein Wissen in Form eines Buches weitergeben zu wollen, dann solle ich mich doch an ihn wenden.

Nun, ich hatte tatsächlich schon öfters mit diesem Gedanken gespielt, deshalb habe ich mich unglaublich gefreut und mit meiner Antwort nahm die Verwirklichung des vorliegenden Buches ihrer Lauf. Geradezu „magisch", just wie bei Harry Potter ...

Diese Geschichte hat einmal mehr dazu beigetragen, dass ich mich bestätigt fühle in dem unkonventionellen Weg der Gestaltung und Vermittlung von Schrift, den ich schon vor vielen Jahren eingeschlagen habe. Viel mehr als die absolut reine, perfekt ausgefeilte Form interessiert mich, ob Gestaltetes in Verbindung von Form und Farbe – von Verstand und Herz – Menschen berührt, inspiriert und erfreut.

In meinen Kursen und jetzt auch in diesem Buch zeige ich, dass man mit wenigen Veränderungen die eigene Handschrift verbessern und ihr mit unterschiedlichen Werkzeugen ein schöneres Aussehen geben kann.

Viele Gestaltungstipps sollen Ihren Blick für das Gesamtbild schärfen und zeigen, wie Sie mit einfachen Mitteln die Anziehungskraft und Wirkung des geschriebenen Textes oder Wortes erhöhen können. Das kreative Spiel mit dem Balsaholz und das gezielte Auswählen von Ausschnitten verhilft auch völlig Ungeübten zu einem schnellen Erfolgserlebnis.

Ich lade Sie herzlich ein zum Schreiben, Spielen und Gestalten und wünsche Ihnen viel Freude dabei!

Charlotte Kunz

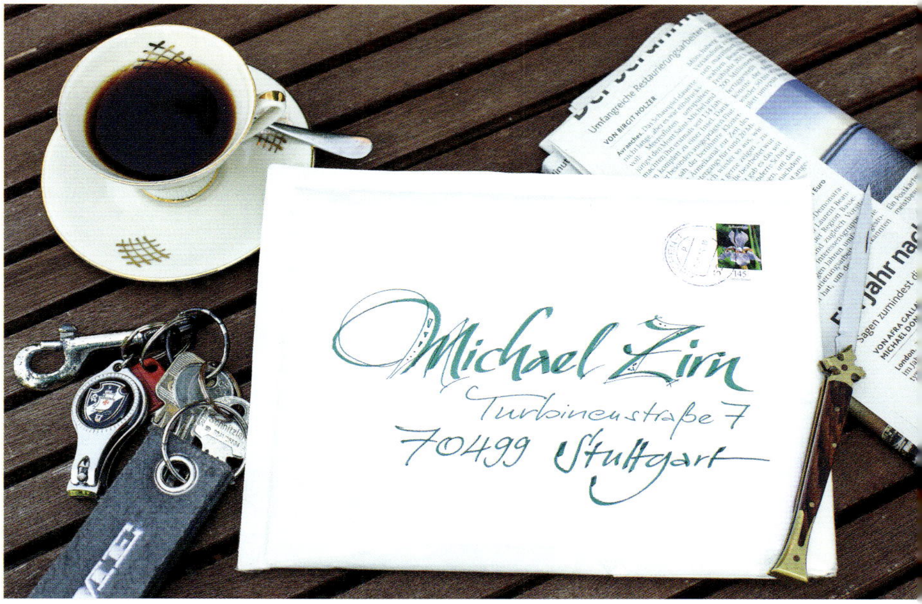

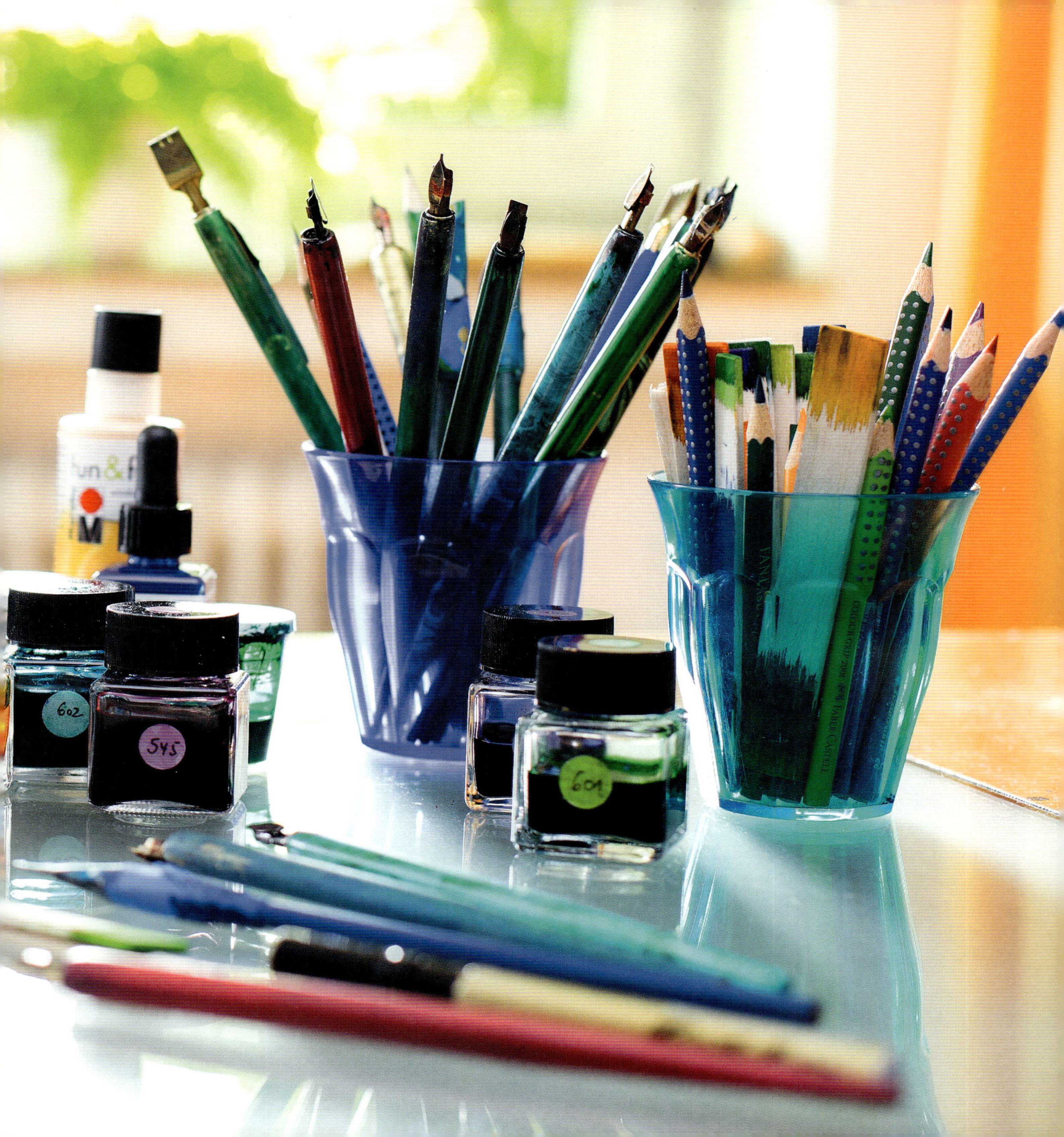
602
545
601

Schreibwerkzeuge und Schreibmittel

Alltagsstifte

Bleistift, Tintenroller, Kugelschreiber und Füllhalter – diese Stifte sind uns allen vertraut und das erleichtert den Umgang mit ihnen. Und doch kann es passieren, dass sie sich ungewohnt anfühlen, z. B. wenn ich versuche, eine verkrampfte Handhaltung oder den ausgeübten Druck zu verändern.

Idealerweise halte ich mein Schreibwerkzeug so in der Hand, dass es auf dem Mittelfinger aufliegt und locker von Daumen und Zeigefinger umschlossen wird. Ich weiß natürlich um die Macht der Gewohnheit und wie schwer es ist, eine automatisierte Handhaltung zu verändern. Hier kommt wieder das Spielerische dazu: Sie können einfach mal verschiedene Handhaltungen ausprobieren und somit testen, ob die eigene Haltung wirklich optimal ist!

Auch der Druck ist entscheidend. Wenn es sich nicht gerade um eine fast leere Mine oder Patrone handelt, aus der Sie versuchen, den letzten Rest Flüssigkeit rauszupressen, dann brauchen Sie viel weniger Druck auszuüben, als Sie sich vorstellen. Eine solche Leichtigkeit erlaubt Ihnen dann größere und feinere Schwünge.

Diese werden ebenfalls unterstützt dadurch, dass Sie beim Schreiben nicht Hand- und Fingergelenke abknicken, um einen Strich von oben nach unten zu ziehen (bewirkt Verkrampfung). Stattdessen bewegen Sie Ihren ganzen Arm in der Form, als hätten Sie einen Gips von der Hand bis zum Ellbogen: Versuchen Sie doch mal, lediglich Schultergelenk und Ellbogen zu bewegen!

Die besten Erfahrungen mit Leichtigkeit beim Schreiben und bei Lockerungsübungen mache ich selbst mit **Bleistift** oder mit **Tintenrollern**. Natürlich können Sie auch mit **Kugelschreiber** oder **Fineliner** schreiben! Empfehlen kann ich den Tintenroller von Pilot, den es in mehreren Farben gibt. Was an ihm besonders ist: Er hat am Stiftende einen integrierten Radiergummi, der die Tintenstriche tatsächlich löscht! Allerdings ist er recht schnell leergeschrieben. Sehr gut sind auch die farbigen Tintenroller von Penxacta.

Um wasserfest auf verschiedenste Untergründe schreiben zu können gibt es z. B. von der Firma Marabu Lackstifte (Schüttelstifte) in mehreren Farben, darunter auch Metall-Farben.

Tipp für Linkshänder

Durch die feine gleichförmige Spitze haben die genannten **Stifte** den Vorteil, dass auch Linkshänder ohne weitere Probleme besondere Schriften mit ihnen schreiben können! Ebenso geeignet sind als Gestaltungsmittel das **Balsaholz** und vor allem die **Faltfeder**. Schwierig ist es mit Filzstift und Bandzugfeder, es sei denn, man bekommt Federn und Filzer speziell für Linkshänder.

Ich habe oft selbst probiert mit der linken Hand zu schreiben, um in meinen Kursen wirklich aus Erfahrung Tipps geben zu können. Wenn ein Linkshänder mit der „normalen" Bandzugfeder schreiben will, muss er entweder seine Hand krampfhaft verdrehen oder er legt das Schreibblatt um 90° nach rechts gedreht vor sich, was auch keine optimale Lösung ist.

▶ Mehr zu **Schreibwerkzeugen** im Video

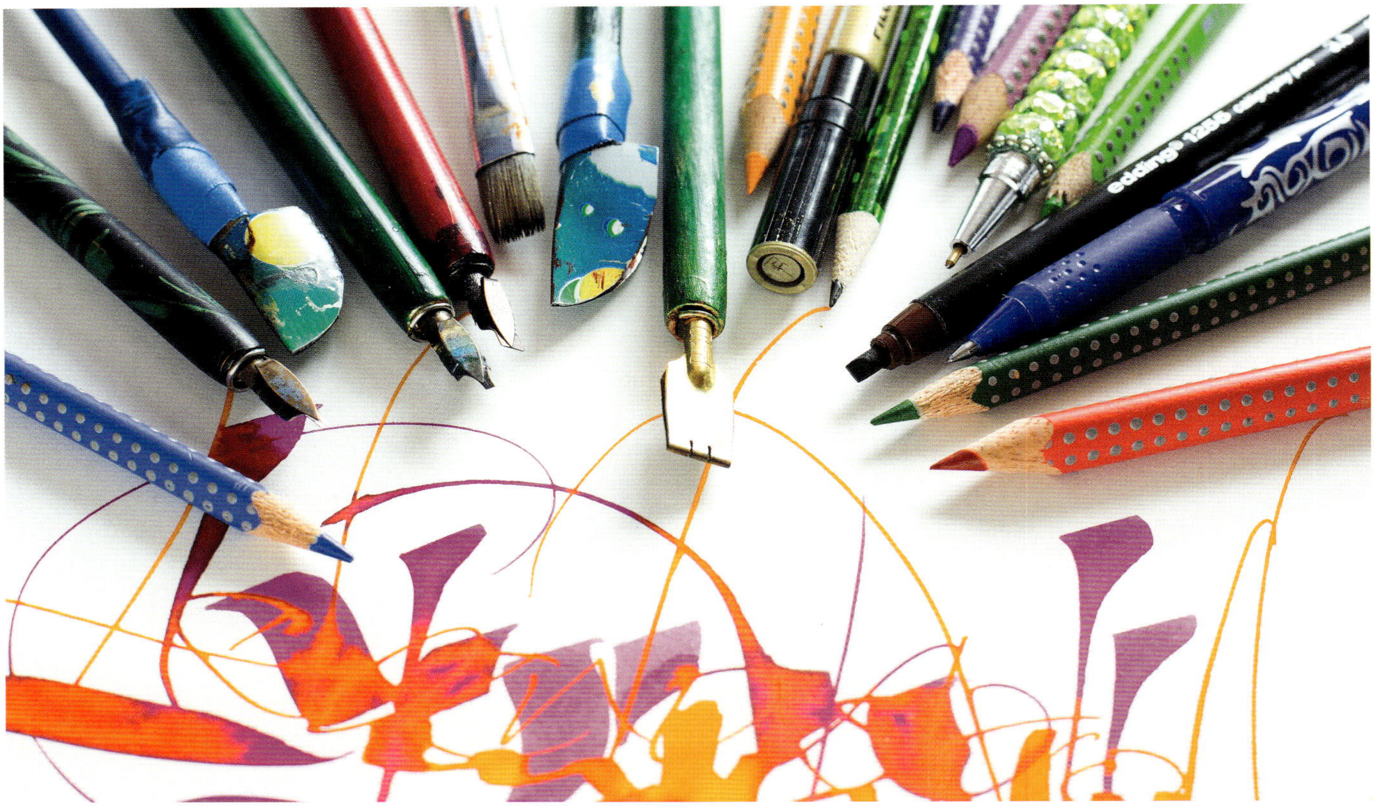

Kalligraphie-Filzstift

Den **Kalligraphie-Filzstift** gibt es unter Anderem von der Firma Edding in Dunkelblau, Dunkelgrün, Braun, Schwarz und Rot, in den Stärken 2; 3,5 und 5. Er hat gegenüber der Bandzugfeder den Vorteil, dass man keine Tinte nachfüllen muss und dass er viel weicher, also mit weniger Druck über das Papier gleitet und somit ein spontanes, flüssiges und schwungvolles Schreiben unterstützt. Die Nachteile daran sind, dass man ihn wegwerfen muss, wenn er leergeschrieben ist und dass seine Kanten niemals so scharf und sauber schreiben, wie es bei der Bandzugfeder der Fall ist.

Für Anfänger ist er dennoch auf jeden Fall ein sehr geeignetes Werkzeug, da man bei all dem Neuen, was das Gehirn verarbeiten will, immerhin nicht auf das Nachfüllen oder Überfüllen achten muss. Ich selbst benutze ihn sehr häufig für Entwürfe und spontanes Schreiben, vor allem zum Adressieren von Postsendungen.

Bandzugfeder

Bei den klassischen **Bandzugfedern** bevorzuge ich persönlich jene von der Firma Brause, mit denen ich durchwegs gute Erfahrungen gemacht habe. Man braucht dafür einen Halter – geeignet sind alle, die Ihnen gut und angenehm in der Hand liegen. Am Halterkopf gibt es vier Blechstücke, die die Feder halten. Sie wird zwischen den Rand und eines dieser Blechstücke eingeklemmt, bis sie fest sitzt ohne zu wackeln.

Tipp

Falls Sie sich fragen sollten, wo man die türkisen, blauen, roten Halter bekommt, die man auf den Fotos sieht, dann muss ich sagen: nirgendwo! Ich habe naturfarbene und goldene Halter mit Acrylfarbe bemalt. Was bedeutet, dass Sie sich Ihre eigenen Halter ebenfalls in Ihren Lieblingsfarben einfärben können! Das funktioniert nur bei den unlackierten Haltern richtig gut, die lackierten werden durch den Farbauftrag etwas empfindlicher gegen Kratzer.

Auf der Feder befindet sich das sogenannte Reservoir, das man mit Tinte befüllt. Sauberer ist es, die Tinte mit einer Pipette einzufüllen, ich tauche sie zugunsten eines flüssigeren Schreibstils jedoch lieber ein und streife die überflüssige Tinte auf einem Extra-Blatt ab, das ich rechts neben mich lege. Ein solches Blatt kann mit der Zeit sehr interessant aussehen – rechts sehen Sie ein Beispiel.

Zum Säubern der Feder können Sie normalerweise ein Papiertuch benutzen. Die Stahlfedern rosten gerne, wenn sie ins Wasser getaucht und nicht richtig abgetrocknet werden. Beim Schreiben mit Acrylfarben oder mit dunkler Tinte (wenn danach helle benutzt werden soll), empfiehlt sich jedoch die Wasserreinigung.

Zur Stärke der Feder: Zum Üben ist es ratsam, eine Feder in Stärke 3 zu benutzen, damit man die feinen Unterschiede besser sieht. Zum Schreiben von kleineren Sachen eignen sich Federn in Stärke 2, 1,5 oder 1. Aber es lohnt sich auch, eine Stärke 0,7 oder gar 0,5 parat zu haben. Zwar sieht man in diesem Bereich keine Unterschiede mehr zwischen dick und dünn, aber Sie können die Feder anstelle von Finelinern benutzen, mit dem Vorteil, dass Sie jede gewünschte Tintenfarbe einfüllen können.

Für Überschriften, Namengestaltung oder Ähnliches können Sie eine Feder in Stärke 4 oder 5 benutzen. Wenn diese Größe nicht ausreicht, gibt es noch zwei breitere sogenannte **Plakatfedern**. Sie sind goldfarben und haben 3 bzw. 4 Einschnitte, aus denen die Tinte herausfließt.

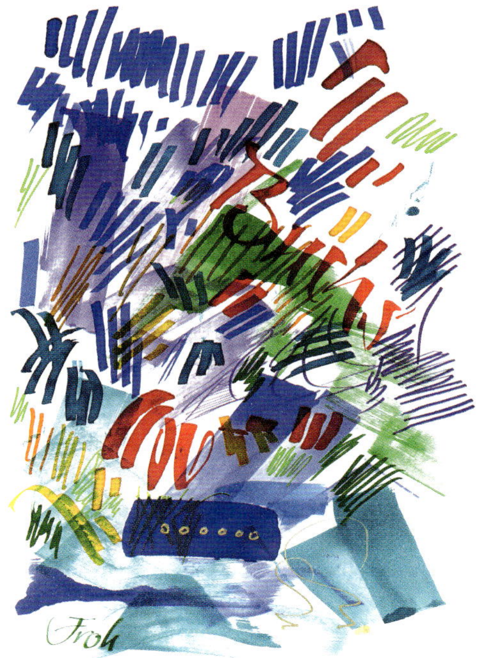

▶ Mehr zur **Bandzugfeder** im Video

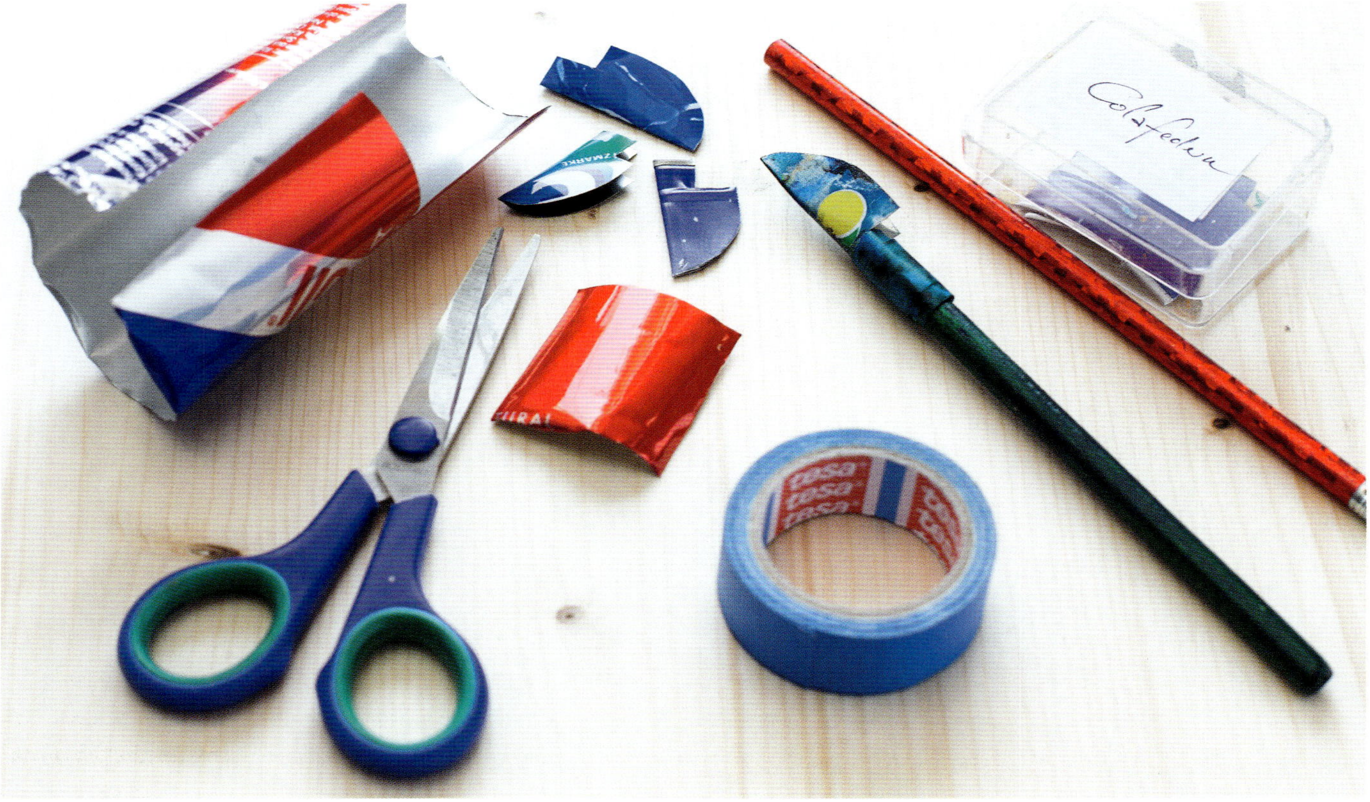

Faltfeder aus Blech

Diese sogenannte **„Cola-Feder"** aus Blech wurde in jüngerer Zeit von einem kreativen Kopf erfunden, dessen Name mir leider nicht bekannt ist. Ich habe sie vor einigen Jahren auf einem Kalligraphie-Seminar kennengelernt und benutze sie seitdem sehr gerne, weil sie flexibler und leichtgängiger ist als die Bandzugfeder. Ich kann mit ihr schwungvoll und kontrastreich schreiben, weil das Drehen und Schreiben auf unterschiedlicher Federfläche eine große Bandbreite zwischen dick und dünn erlaubt.

Um die Feder herzustellen, kaufe ich mir ausnahmsweise Getränkedosen. Meine eigenen Federn werden dadurch oft zu „Sprite-Federn", weil ich die blaugelbe Farbe lieber mag als die rot-silberne der Cola-Dosen.

Am besten achten Sie darauf, dass das Blech nicht zu dünn ist, sonst geht die Feder sehr schnell kaputt.

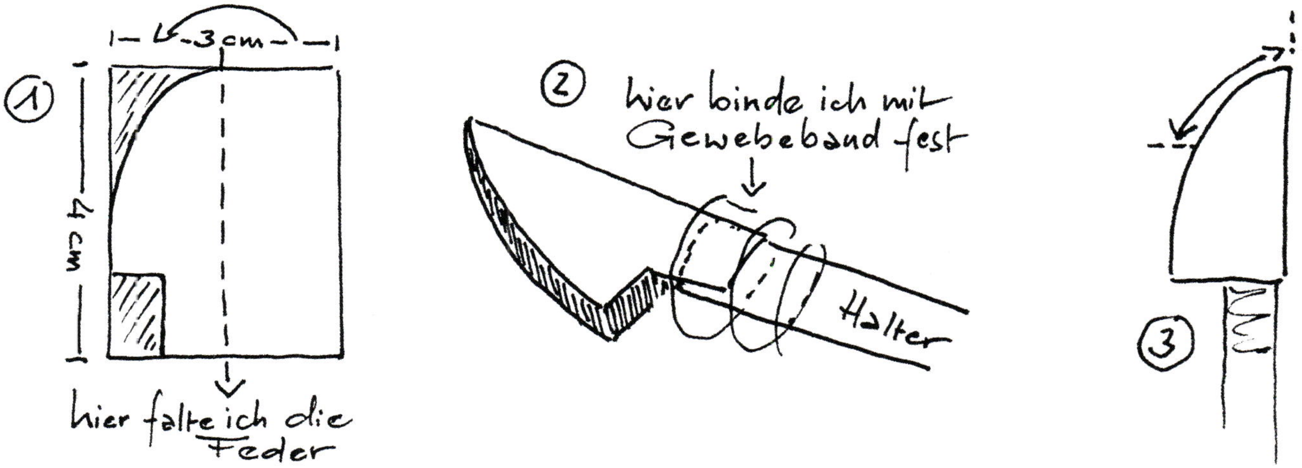

Anleitung zum Erstellen einer Faltfeder

Wie Sie oben (1) sehen können, schneiden Sie zuerst ein Rechteck aus dem Blech aus. Dann wird die Feder vorsichtig gefaltet, sodass sie am später vorderen Ende zusammentrifft und nach oben etwas offen bleibt. Wichtig ist dabei, beim Falten nach hinten hin gleichmäßig immer weniger Druck auszuüben, sonst bekommt die Feder allzu leicht in der Mitte einen Knick und wird dann unbrauchbar. Als Nächstes schneiden Sie unten die Ecken und dann die Schreibflächen-Rundung ab.

Danach schieben Sie Ihr Blech wie oben (2) angegeben mit dem unteren ausgeschnittenen Stück auf einen Halter oder ein Stück Holz von einem Strauch. Dabei halten Sie das Blechstück fest angedrückt am Stiel und kleben es dann mit Gewebeband fest.

Der Pfeil im letzten Schritt (3) gibt die Fläche Ihrer neuen Feder an, die Sie jetzt noch mit Schmirgelpapier behandeln müssen. Beim Schleifen halten Sie den Zeigefinger leicht auf der Vorderseite und schmirgeln die Unterseite zwischen den beiden gestrichelten Linien. Dann wiederholen Sie den Vorgang auf der anderen Seite.

Die Feder ist dann gut, wenn sie beim Schreiben gut die Tinte abgibt und leicht und glatt übers Papier läuft. Rechtshänder benutzen sie so, dass die offene Seite beim Schreiben nach rechts zeigt, bei Linkshändern sollte sie nach links zeigen. Zum Säubern tauchen Sie die Feder in ein Wasserglas und trocknen sie dann mit einem Papiertuch ab.

▶ Mehr zu **Faltfeder** im Video

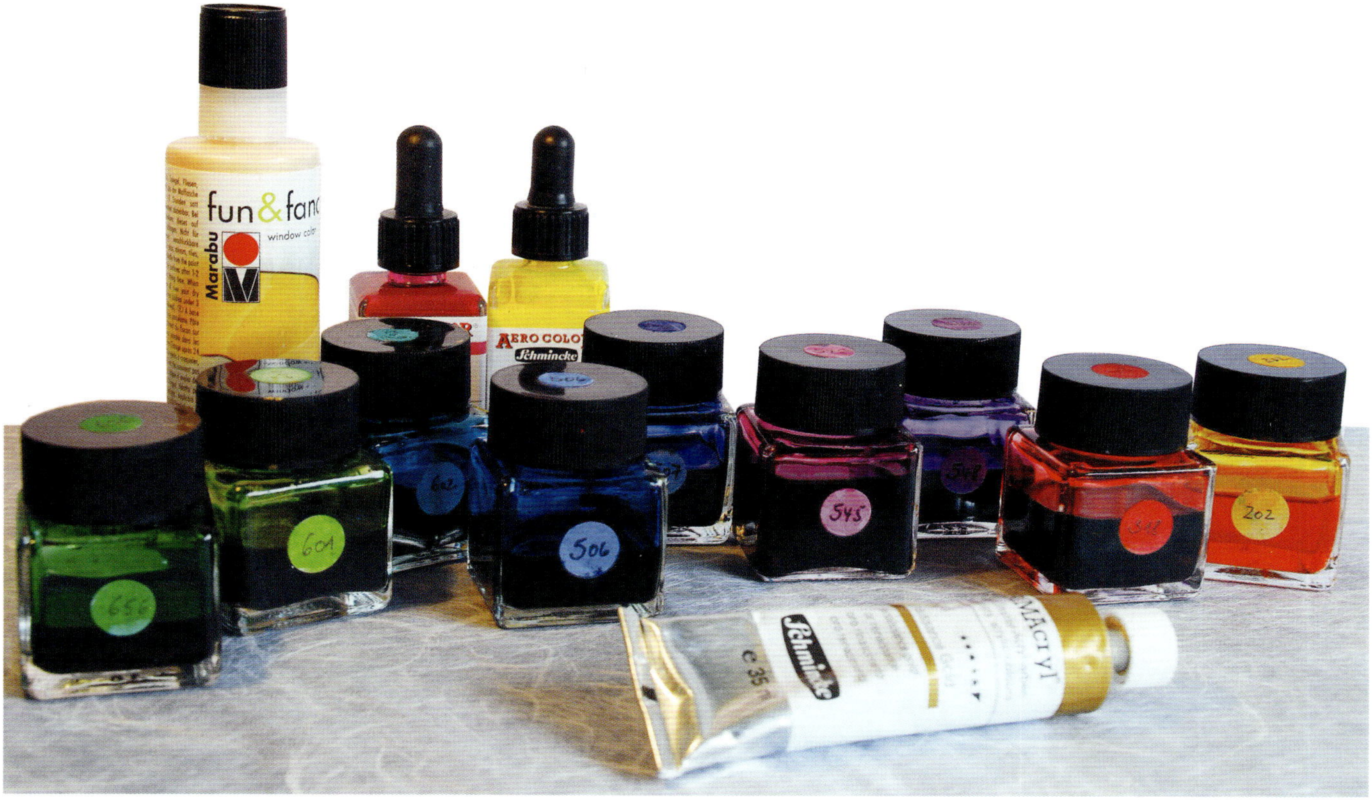

Tinten

Am liebsten benutze ich die klaren, intensiven „Ecoline"-**Tinten** der Firma Talens. Ich habe bei meinen Glasflaschen die Etiketten entfernt und Klebeetiketten mit der entsprechenden Nummer darauf geklebt, weil ich es liebe, wenn die Farben durch die Flaschen schimmern.

Die Farbpalette ist so groß, dass jeder seine Lieblingsfarben finden kann. Die Farben, die ich für die Arbeiten im Buch benutzt habe, sind vor allem Dunkelgrün (602), Ultramarinviolett (507), Rotviolett (545), Ultramarin dunkel (506), Dunkelgelb (202), Hellgelb (201), Waldgrün (656), Hellgrün (601), Karmin (318) und Blauviolett (548). Alle Farben lassen sich wunderbar kombinieren und mischen, wie Sie auch im Balsaholz-Kapitel ab Seite 42 sehen werden.

Acrylfarben

Um auf Steine, Leinwand und Holz oder wischfest auf Papier zu schreiben, eignen sich wasserfeste flüssige **Acrylfarben** („Aero Color" von Schmincke). Da sie zu dickflüssig für eine Feder sind, können sie mit etwas Wasser in einem Gläschen angemischt werden.
Wenn Sie mit Weiß, Gold oder Silber schreiben wollen, können Sie „PRIMAcryl" aus der Tube von Schmincke benutzen. Sie werden mit Wasser im Verhältnis 1:1,5 in einem verschließbaren kleinen Gefäß angerührt. Dann testen Sie, ob die Farbe flüssig genug für die Feder ist. Falls nicht, muss mit einer Pipette vorsichtig ein bisschen mehr Wasser dazugegeben werden, so lange, bis die Mischung stimmt.

Diese Farben von Schmincke können Sie auch benutzen, um wasserfeste Schreibuntergründe auf allen möglichen Materialien zu erhalten. Es gibt deckende und nicht-deckende Farben, die mit einem vollen schwarzen Viereck bzw. einem durchscheinenden Viereck auf der Tube gekennzeichnet sind. Mit nicht-deckenden Farben lässt sich die Wirkung einer Farbe erhöhen oder verändern.
Einen schönen Effekt erhält man bei der Verwendung von Window Color-Farben. Wenn man mit ihnen schreibt oder Ornamente zeichnet, trocknen sie erhaben auf. Ein angewendetes Beispiel sehen Sie unter „Geschenkideen" bei dem Namensschild „Martina" auf S. 70.

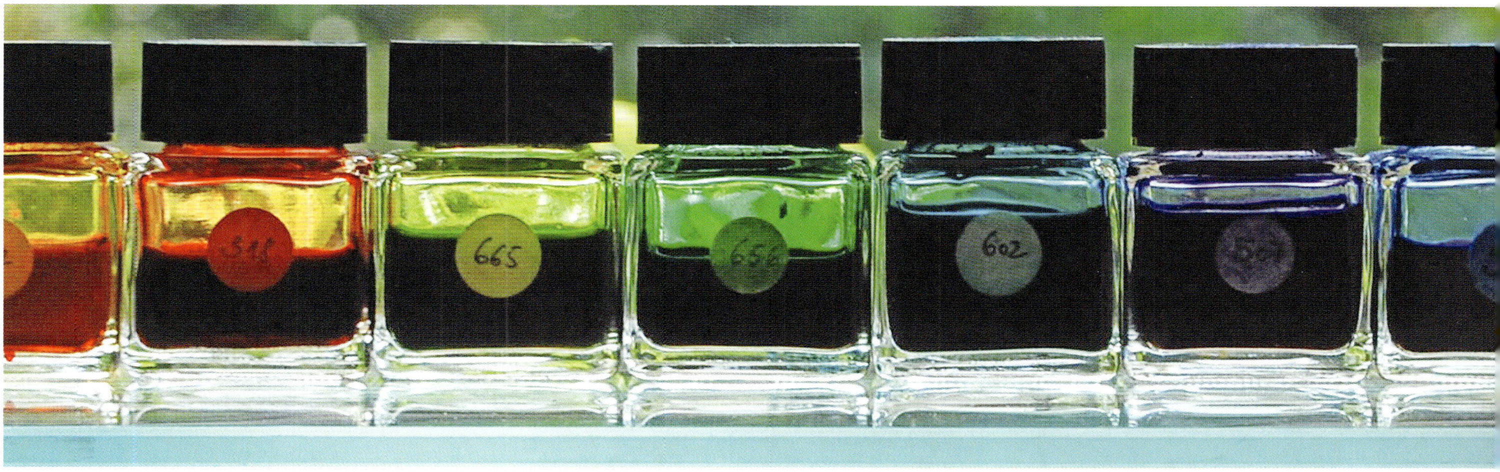

▶ Mehr zum **Anrühren von Goldfarbe** im Video

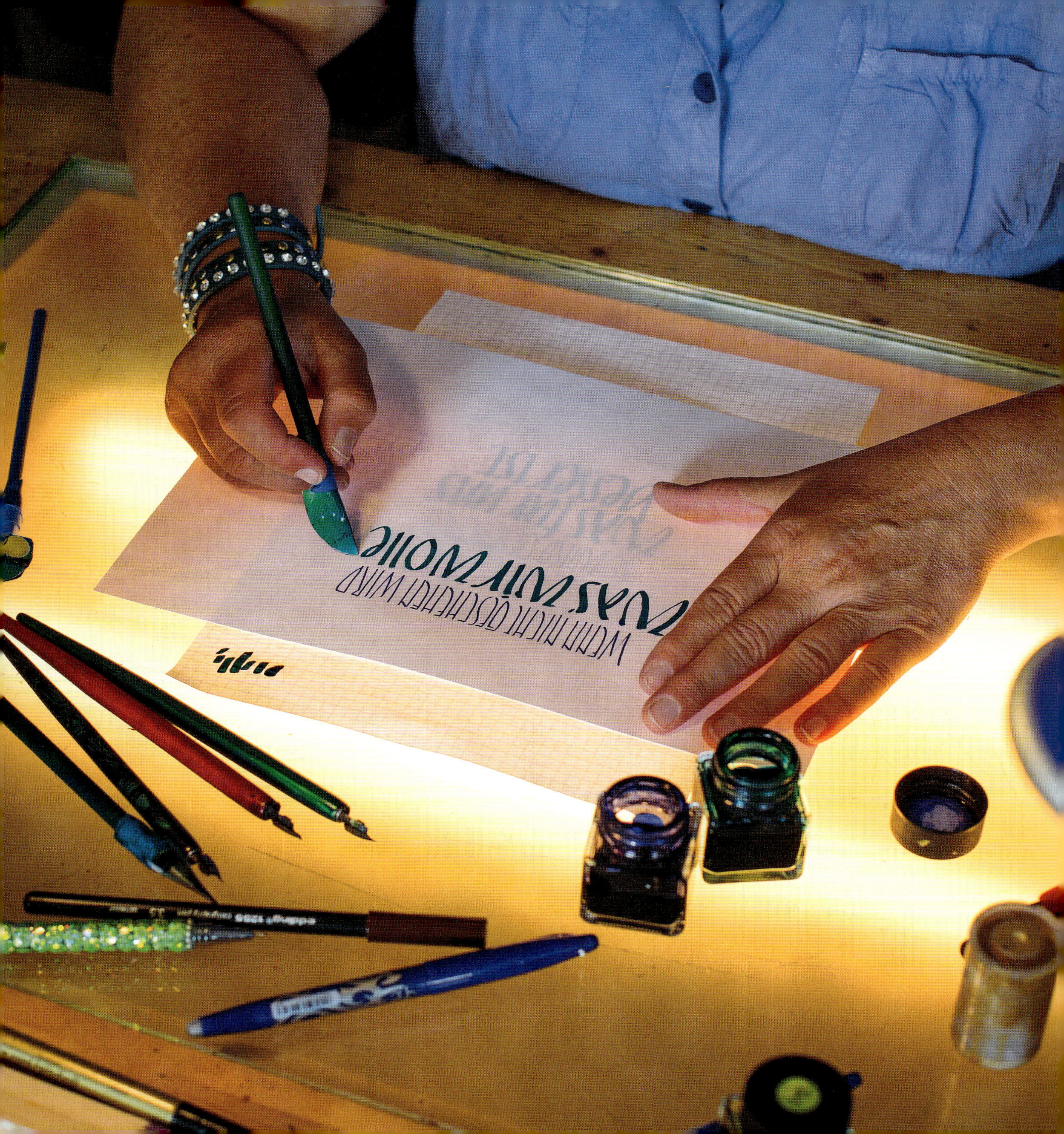

Praktische Tipps rund ums Schreiben

Papiere zum Üben

Transparentpapier

Wenn Sie eine neue Schrift einüben, mit der Sie Schwierigkeiten haben, rate ich zum Einsatz von **Transparentpapier**. Ich nutze es manchmal heute noch, wenn ich etwas „studieren" will. Man braucht keine Angst davor zu haben, dass man durch das reine Nachschreiben nicht selbstständig lernt. Oft genug habe ich erlebt, dass jemand, der vorher blockiert war, auf einmal viel leichter schreiben konnte. Das liegt daran, dass das Gehirn „ausgeschaltet" wird und die Information direkt ohne Verluste in die Hand geht. Diese fühlt und versteht auf eine praktische Weise, wie sie Bögen und Linien führen soll und gibt diese Information danach erst ans Gehirn weiter.

Kariertes Papier

Viele meiner Kollegen raten davon ab, **kariertes Papier** zum Üben zu benutzen. Ich persönlich habe allerdings auch mit dieser Methode bei mir selbst und in meinen Kursen nur gute Erfahrungen gemacht. Ich ziehe jede Vereinfachung vor, die zu schnellen Erfolgserlebnissen führt! Das karierte Papier erlöst davon, Linien abzumessen und zu ziehen, eine Arbeit, die viele als zu aufwendig und lästig empfinden. Dem Anfänger erleichtert es das Geradebleiben beim Schreiben und ich habe noch nie bemerkt, dass jemand dadurch später weniger leicht ohne Linien gerade schreiben kann.

Geeignetes „Reinschreib"-Papier und ein einfacher Leuchttisch

Sobald ich den Entwurf fertig geschrieben habe, schalte ich die Röhrenlampen meines Leuchttisch-Einsatzes im Schreibtisch an. Der integrierte Leuchttisch auf dem Foto von Seite 16 ist ein Eigenbau meines Mannes. Nun brauche ich nur noch das „gute" Papier auf meinen Entwurf zu legen. Dieser scheint von unten durch und ich schreibe ihn einfach nach.

Diese Methode eignet sich vor allem für lange Texte oder ganz genaue Abstände z. B. beim Mittelsatz. Andere Dinge wie Karten, Steine, Gebetsfähnchen oder spontane Arbeiten schreibe ich meist direkt ohne einen Entwurf. Anfängern rate ich jedoch dazu, bis zu einer intuitiven Sicherheit in der Aufteilung erst einmal grundsätzlich einen Entwurf zu machen und auf das Reinschreib-Papier Linien vom Entwurf zu übertragen, die hinterher in den allermeisten Fällen problemlos wegradiert werden können.

Ein noch so schön geschriebener Text verliert an Wirkung, wenn er schief läuft oder die Abstände nicht stimmen.

Ein sehr gutes Papier im Preis-Leistungs-Verhältnis und ideal geeignet fürs Schreiben, aber auch als Untergrund mit Balsaholz ist der **Skizzenblock** „Nostalgie" der Firma Hahnemühle.

Texte, die ein genaues und ausgewogenes Bild ergeben sollen, schreibe ich im ersten Schritt ganz spontan auf ein unliniertes Papier. Dadurch sehe ich, wie intuitive Raumaufteilung und Zeilenabstand wirken. Dann übertrage ich das Ganze auf kariertes Papier, das mir als Vorlage dient. Meist muss ich noch einige Zwischenlinien ziehen, weil die Kästchen sehr unflexibel sind.

Tipp für Papier-Untergründe

Bevor Sie ein Papier oder ein bemaltes Papier beschreiben wollen, testen Sie bitte aus, ob die Beschaffenheit so ist, dass die Tinte nicht ins Papier zieht. Das passiert bei offenporigen, unregelmäßigen, gerade besonders schönen und teuren Papieren leider sehr gerne. Oder auch bei mit Balsaholz bemalten Untergründen. Falls Sie nicht sicher sind, sprühen Sie das Papier einfach in weiser Voraussicht mit Fixierspray ein.

Einen einfachen **Leuchttisch** können Sie sich auch selbst zusammenstellen. Sie brauchen dafür lediglich zwei Holz- oder Metallböcke, eine dicke Glasscheibe von ca. 40 cm x 60 cm (oder größer) und zwei Klemmspots, die Sie an den Böcken befestigen, sodass sie von unten aus die Platte anleuchten. Um nicht geblendet zu werden, können Sie an den Seiten Papier hinlegen. Da die Teile nicht fest miteinander verbunden sind, brauchen Sie dafür nicht viel Platz und haben außerdem noch einen kleinen zusätzlichen Schreibtisch.

▶ Mehr zum einfachen **Leuchttisch** im Video

Lockerungsübungen

Beim „lernenden" Schreiben verkrampft sich die Hand sehr schnell. Um schön leicht und locker zu bleiben, empfehle ich, zwischendurch immer wieder ein bisschen zu spielen. Dabei sind der Fantasie keine Grenzen gesetzt, Hauptsache, es macht Spaß und die Hand „fliegt" leicht über das Papier, ähnlich wie bei unbewussten Telefonkritzeleien. Dazu eignet sich am besten ein nicht zu harter Bleistift.

Wenn Sie wie bei g und h im Beispiel so extrem lange Oberlängen und Unterlängen ziehen, ist es hilfreich, mit den Augen den Punkt anzuvisieren, den sie erreichen wollen (mit x markiert), statt den Weg zu verfolgen. Das gibt einen sichereren Strich. Probieren Sie aus, ob Sie einen Unterschied merken!

Die untere ornamentale Figur können Sie sich so vorstellen, als wollten Sie eine Blüte zeichnen und fast angekommen den gleichen Weg wieder zurückgehen. Das ist die Grundlage für Ornamentik.

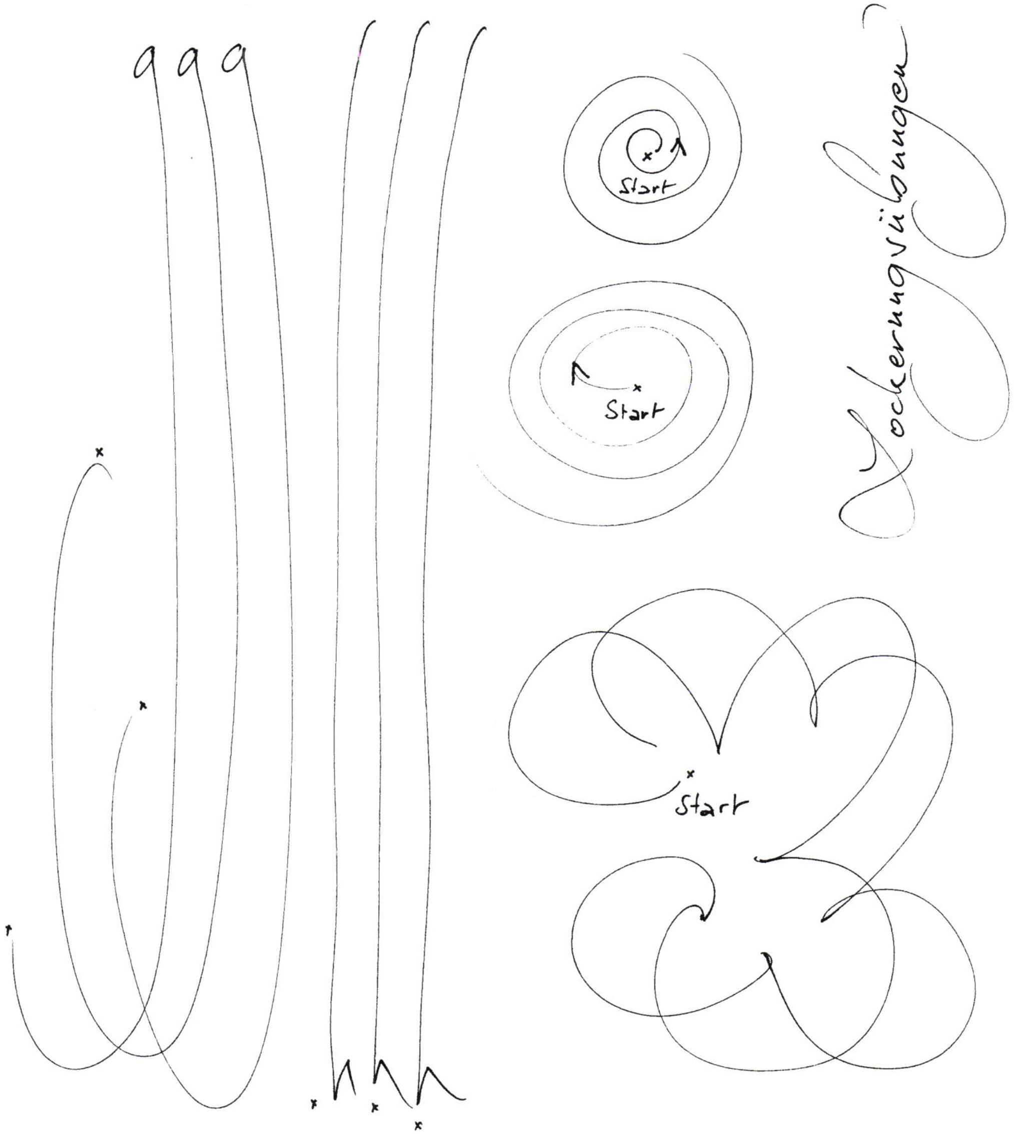

Mehr zu **Lockerungsübungen** im Video

Schreiben im Kreis

Wenn Sie zum ersten Mal im Kreis schreiben, ist es am einfachsten, wenn Sie mit einem Zirkel Kreise aufzeichnen. Sie können wählen, ob Sie Zeilenabstand und Mittellänge haben wollen, um einen klassischen Kreis zu schreiben, oder ob Sie wie in meinem Beispiel ohne Abstand frei übereinander schreiben.

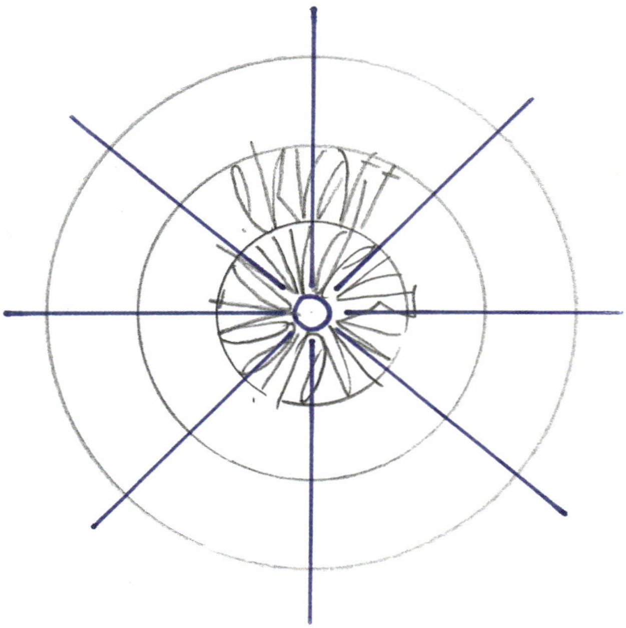

Zusätzlich rate ich am Anfang zu diagonalen Linien, damit Sie einen Anhaltspunkt haben, an welcher Linie sich Ihr Buchstabe orientiert. Wichtig ist es, das Blatt permanent während des Schreibens zu drehen, sodass Sie den aktuellen Buchstaben immer gerade vor sich haben!

Zu leben beginnt ein Kreis dann, wenn ich mit verschiedenen Federstärken oder unterschiedlichen Schriften schreibe. Anwenden können Sie diese Technik bei dem Leinwandbild im Kapitel der Geschenkideen (siehe Seite 84). Auf der gegenüberliegenden Seite sehen Sie einen Ausschnitt aus diesem Bild.

Hier sehen Sie zwei weitere Beispiele, wie Sie Kreise und Spiralen anwenden können:

Die „Blüte“ aus „Annika und Stefan“ habe ich als Auftragsarbeit für das Fotoalbum eines Hochzeitspaares geschrieben.

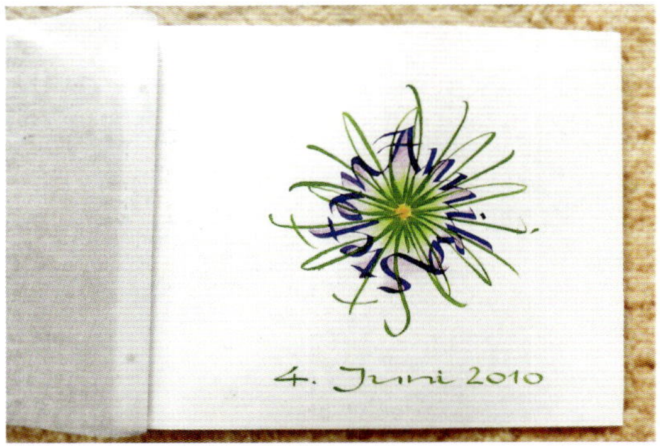

Die Schrift in Herzform ist ein Entwurf einer Osterkarte. Sie ist ein schönes Beispiel dafür, wie stark manchmal ein ganz „unsauberer“ und nicht bearbeiteter Entwurf wirken kann.

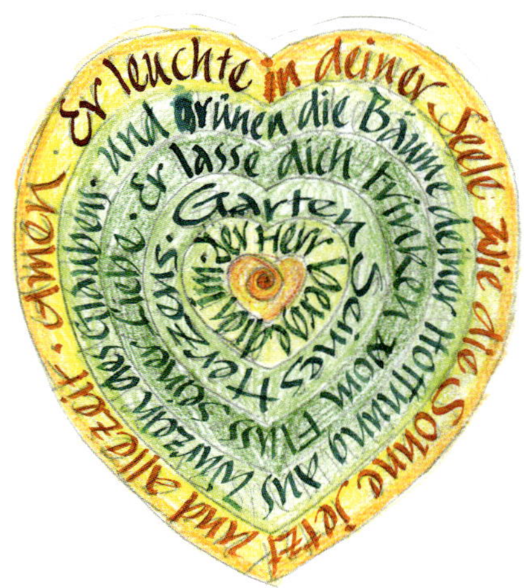

Mehr zum **Schreiben im Kreis** im Video

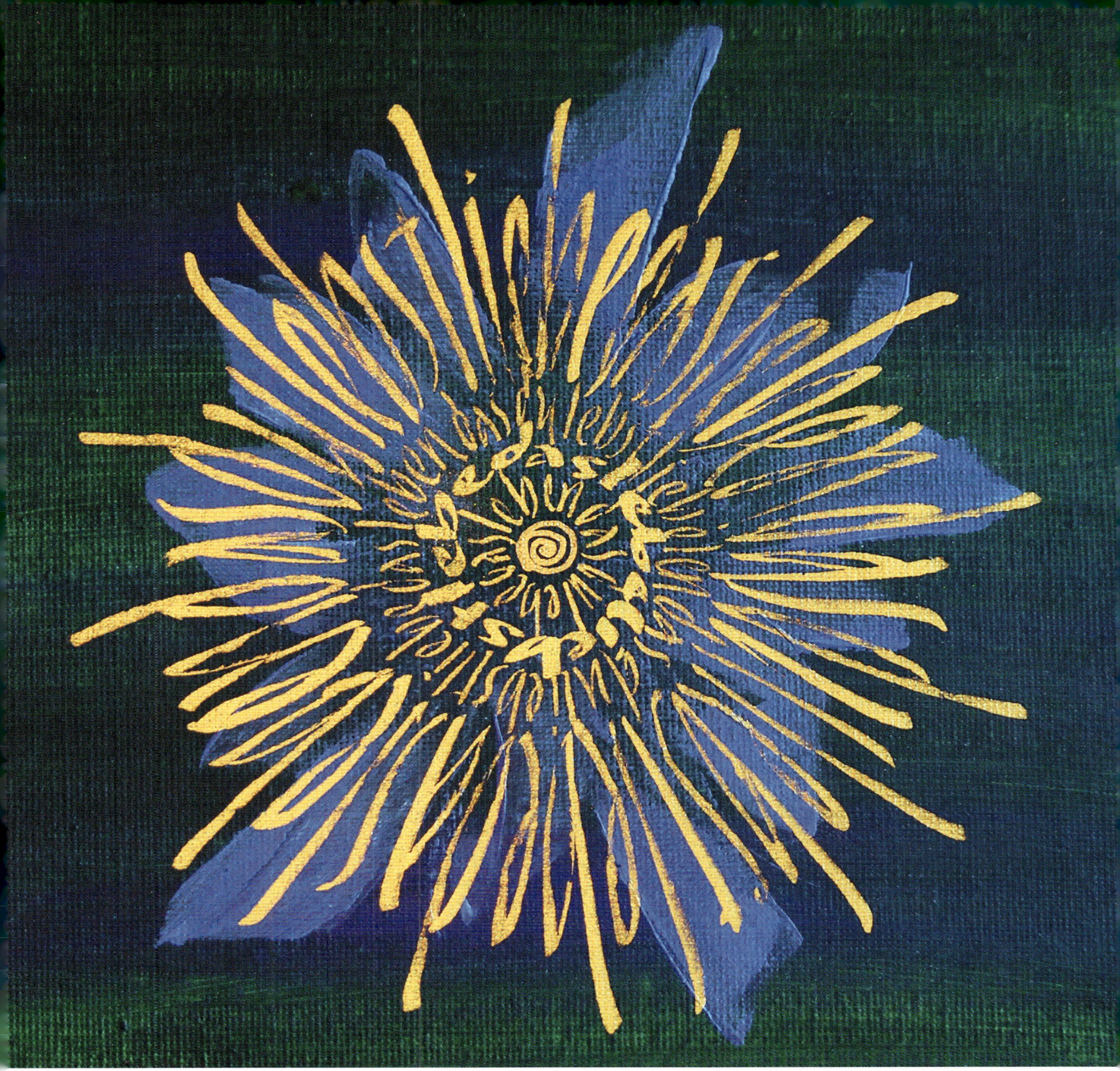

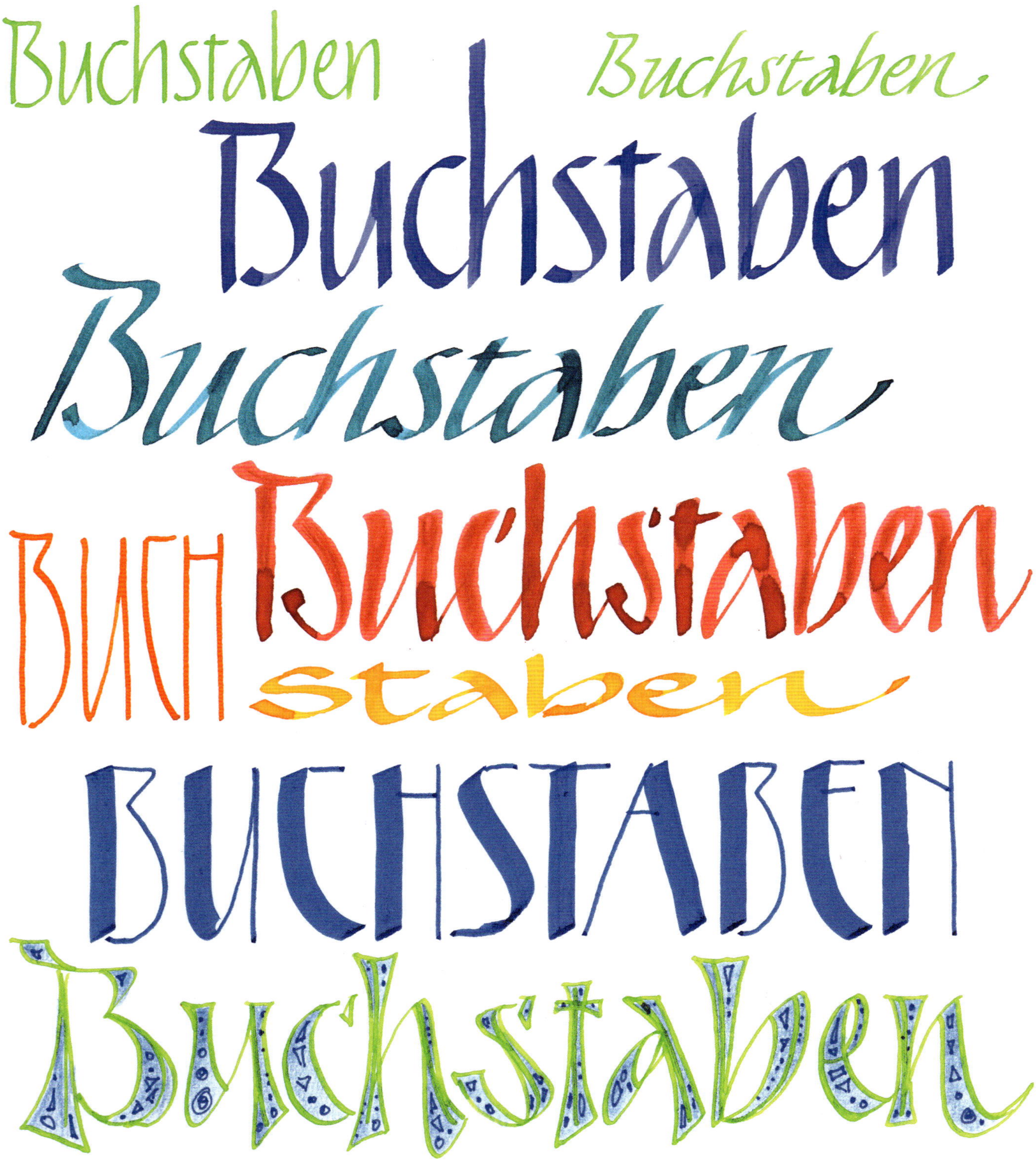
Buchstaben
Buchstaben
Buchstaben
Buchstaben
BUCH
Buchstaben
staben
BUCHSTABEN
Buchstaben

Das handgeschriebene Alphabet

Eine Mischform aus Antiqua und Humanistischer Kursive

Gedanken zu Handschrift und Kalligraphie

Mit diesem Buch möchte ich eine Brücke schlagen zwischen ehrfurchtsgebietender Kalligraphie-Geschichte auf der einen und zeitgeistigen Einheits-Druckschriften auf der anderen Seite. Vielen Menschen, die gerne mit einer modernen schwungvollen Handschrift schreiben möchten, fehlen Zeit oder Lust, sich in die vielfältigen kalligraphischen Schriften zu vertiefen. Ihnen möchte ich Folgendes zeigen:

Um schön schreiben zu können, brauchen Sie definitiv kein endloses Studium der historischen Schriften und Formen und niemand erwartet von Ihnen, dass Sie sich messen mit einem als unerreichbar gut empfundenen Vorbild! Ein schnelles Erfolgserlebnis ist möglich!

Da wir uns alle an schlechter werdende Handschriften gewöhnt haben und an banale, häufig nicht zueinander passende Schriften – z. B. in der Werbung –, besteht **der erste Schritt** darin, den Unterschied wahrzunehmen zwischen einer eher kindlichen, starren oder unbeholfenen Handschrift auf der einen Seite und einer flüssigen oder harmonischen Handschrift auf der anderen. Dann erst sind Sie in der Lage zu sehen, welche Details Sie an Ihrer eigenen Schrift ändern können oder wollen, um sie „schöner" zu machen und mehr Spaß am Schreiben zu haben.

Der zweite Schritt besteht darin, die grundlegenden Formen der vorgegebenen Schrift einzuüben, um eine gute Ausgangsbasis für flüssiges Schreiben zu bekommen.

„Üben" löst womöglich einen Widerstand bei Ihnen aus? Üben ist eine Tätigkeit, die vermeintlich mit Stress, Leistungsdruck und Bewertung verbunden ist.

Mein Vorschlag: sich von jedem Druck lösen und auf ein Spiel einlassen. Viele Kursteilnehmer sagen mir, dass sie sich fühlen wie damals als Kind in der ersten Klasse. Ja, so fühlt sich tatsächlich fast jeder! Und wenn wir die positive Seite dieses ungewohnten Gefühls mitnehmen, dann entdecken wir wieder die Freude daran, neue Formen zu erkunden und auszuprobieren und mit der eigenen Handschrift zu spielen. Früher oder später kommt ein Punkt, an dem der Unterschied zu vorher deutlich wird. Ob Sie dann noch weitergehen möchten in Richtung klassischer Kalligraphie oder auch nicht, ist dabei vorerst gleichgültig.

Viele Menschen stellen sich die Frage, wieso sie sich die Mühe machen sollten, mit Zeitaufwand und Anstrengungen eine Fähigkeit zu verfeinern, die der Computer doch weitaus schneller und in perfekter Form liefern kann.

Meine Antwort darauf ist: Erstens kann kein Computer der Welt uns die Befriedigung schenken, die wir empfinden, wenn wir etwas mit unseren eigenen Händen geschaffen haben!

Und zweitens haben wir mit einer individuellen und lebendig unperfekten Gestaltung die Chance, aus der endlos gewordenen Flut von Banalitäten, Verführungen, Lügen und Informationen genau das herauszufiltern, was uns für uns selbst und unsere Lieben wichtig und wertvoll erscheint: zum Beispiel aufmunternde oder unterstützende Worte, die Kraft, Freude oder Trost spenden können.

▶ Mehr zum **handgeschriebenen Alphabet** im Video

Basisschrift gerade geschrieben

Ein Kennzeichen der lateinischen Schulhandschrift und auch der vereinfachten Ausgangsschrift ist eine rundliche Form der Buchstaben mit spazierstockartigen Bögen. Im Unterschied dazu ist ein schrägliegendes Oval das Grundelement der vorliegenden Basisschriften. Kleine Änderungen, die einen deutlich anderen Eindruck bewirken!

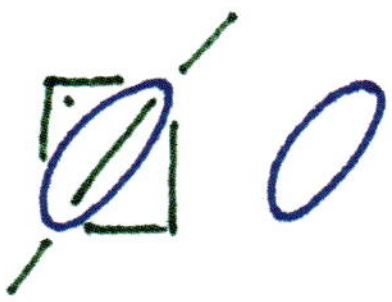

Das schrägliegende Oval beinhaltet eine Diagonale im Winkel von ca. 45°.

Achten Sie darauf, dass es schmal genug ist und die beiden abknickenden Bögen sehr eng genommen werden.

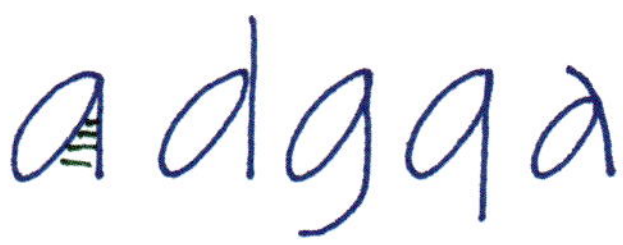

Wir finden das Oval bei a, d, g und q wieder; der Raum zwischen Oval und dem Strich rechts wird automatisch größer als wir es von unserer Schulhandschrift her kennen. Dieses kleine Detail macht auch schon den größten Unterschied zur gewohnten Handschrift aus.

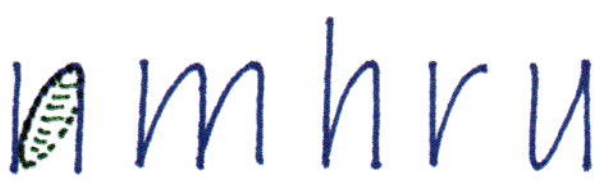

Auch in diesen Buchstaben finden wir das „unsichtbare“ Oval wieder!

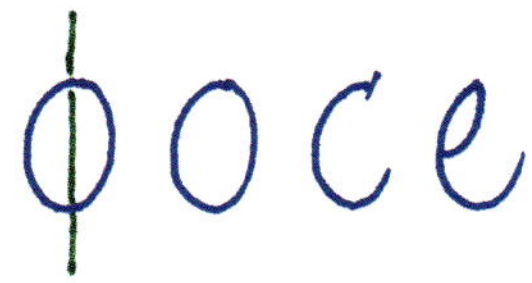

Das Oval vom O ist etwas breiter als bei dem schrägen Element und es steht ganz gerade mit einer senkrechten Achse.

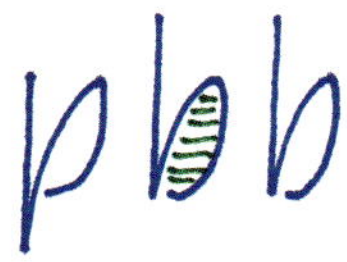

Das Oval von b und p hat eine kleine Ausbuchtung nach unten.

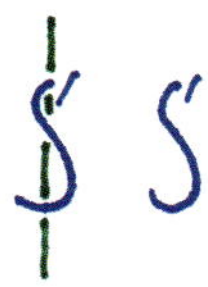

Das S schlingt sich um die Senkrechte.

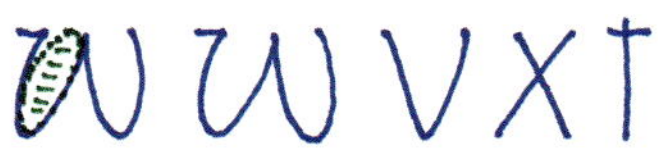

Das t ist ein Ausnahmebuchstabe, weil es nicht genauso hoch wie die anderen Oberlängen geschrieben wird, sondern nur etwas höher als die Höhe der Mittellänge.

Basis in der Pflicht

Basis in der Kür

Die Großbuchstaben, die ich verwende, basieren auf der strengen römischen „Kapitalis“, enthalten aber einige Elemente der runderen „Unzialis“.
Alle Buchstaben werden möglichst flüssig ohne Absetzen geschrieben, bei den zusammengesetzten Ausnahmen habe ich bei den Übungsvorlagen Pfeile danebengesetzt.

Sobald Sie das Alphabet automatisch schreiben können, ohne hinzuschauen, wie einzelne Buchstaben geschrieben werden, können Sie von der strengen Form weggehen und Ihren eigenen Handschriftschwung (der Fachbegriff ist „Duktus“) einbringen.

Alphabete, Zahlen und Übungstexte zu den vorgestellten Schriftvarianten sind über die hinten im Buch beiliegende DVD als Vorlage in DIN A4 verfügbar. Detaillierte Infos dazu und das Videomenü finden Sie auf Seite 92-93.

aabcdefghijklmnopqrstuvwxyzß

ABCDEFGHIJKLMNOPQRSTUVWXYZ

Basisschrift schräg geschrieben

Schräg, also kursiv geschriebene Schrift ist niedriger als gerade geschriebene; stellen Sie es sich so vor, als hätten Sie eine Schnur, die Sie z. B. oben am l festmachen und dann ziehen Sie nach rechts – der Buchstabe kippt und gerät in die Schräglage.
Wenn Sie Schwierigkeiten haben, den schrägen Winkel konsequent einzuhalten, dann ziehen Sie sich einfach über das ganze Übungsblatt diagonale Linien, je nach Wunsch zwischen 30° und 40°.
Im Gegensatz zu der geraden Schrift ist diese verbunden, was sich an den kleinen Verbindungslinien bei den entsprechenden Buchstaben (z. B. m und n) zeigt. Die Großbuchstaben sind geschwungener, diese gefälligere, weichere Form funktioniert auch, wenn Sie es später beim freieren Schreiben auf die geraden Buchstaben anwenden.

Fließende Basisschrift in der Kür

Fließende Basisschrift in der Pflicht

aabcdefghijklmnopqrstuvwxyzß

ABCDEFGHIJKLMNOPQR

STUVWXYZ

Schreiben mit Filzstift oder Bandzugfeder

Der Kalligraphie-Filzstift beziehungsweise die Bandzugfeder wird bei dieser Schrift im 45° Winkel angesetzt, welcher – egal in welche Richtung Sie ziehen – beibehalten wird.
Durch die Veränderung der Richtung variiert Ihr Strich von dick (beim Zug nach unten) über mittel (zur Seite) zu haarfein (im 45° Winkel nach oben). Die abgeschrägten Enden des Striches ergeben sich ebenfalls durch den Winkel, in dem Sie den Stift aufsetzen.
Probieren Sie aus, den Stift ganz flach zu halten, sodass die Enden oben und unten richtig horizontal liegen. Dann sehen Sie den Unterschied!
Das Einhalten des schrägen Winkels bereitet den meisten Leuten anfangs Probleme. Unser Gehirn scheint nicht so schnell zu verstehen, dass der Stift schräg angesetzt, aber gerade gezogen wird. Wenn es nicht klappen will, denken Sie an den Transparentpapier-Tipp von Seite 17!

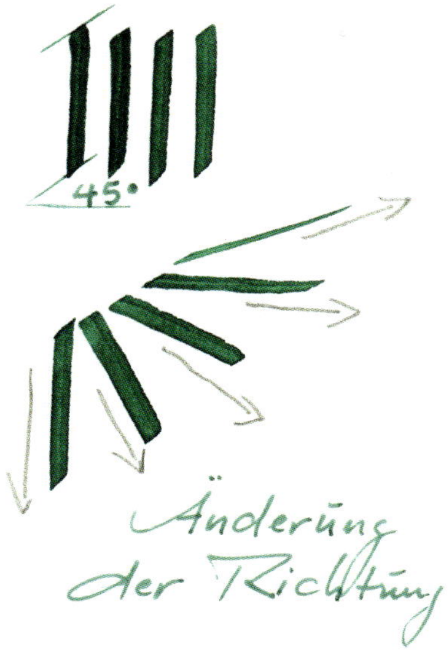

Die Basisschrift ist von der Form her genauso wie vorher, lediglich das Werkzeug wird verändert! Es ist, als würde man um die pure dünne Form eine Verkleidung herumlegen.
Auch hier ist die Form zum Üben erst einmal sehr streng, später können Sie selbstverständlich lockere Schwünge hineinbringen!

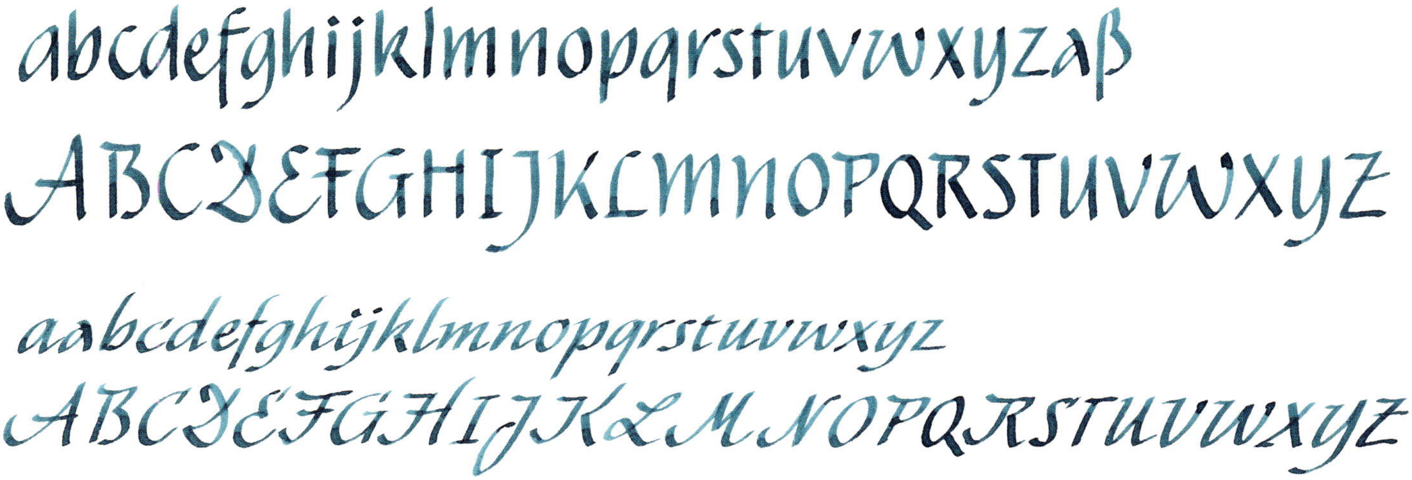

▶ Mehr zur **45°-Haltung** im Video

Schrift in die Höhe oder Breite ziehen

Ziehe ich die Schrift in die Breite, dann wird sie automatisch niedriger, ziehe ich sie dagegen in die Höhe, wird sie enger. Man kann sich das vorstellen, als würde man ein Gummiband zur Seite oder in die Höhe ziehen.
Bei der hochlaufenden Schrift sieht es sehr stilvoll aus, wenn man nur Großbuchstaben verwendet und die seitlichen Striche wie beim A oder B sehr hoch oben ansetzt. Dadurch erinnert es an Jugendstilschriften. Die breitlaufende Schrift dagegen wirkt eher erdig. Dieser Effekt kann noch verstärkt werden, indem ich die Feder ausnahmsweise flach halte (hier nicht aufgeführt).

Beide Schriftvarianten lassen sich sehr schön auf Karten einsetzen, außerdem bieten Sie Gelegenheit zu kontrastreichem Schreiben, wie im nächsten Kapitel beschrieben. Ich habe bei den Alphabeten die hohe Schrift mit Tintenroller geschrieben, die breite mit einer kleinen Bandzugfeder. Tatsächlich können aber beide Schriften mit allen Werkzeugen geschrieben werden!
Die niedrige Schrift findet z. B., mit einem Fineliner geschrieben, sinnvollen Einsatz bei der Gestaltung des Autorennamens unter einem Spruch.

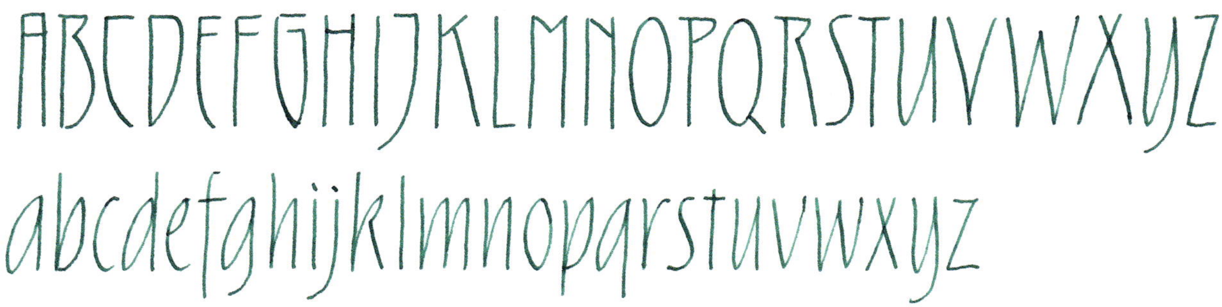

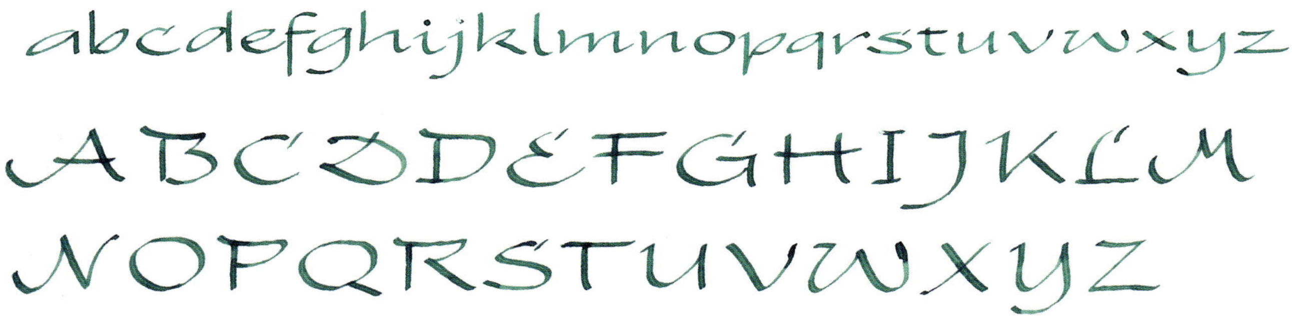

Mehr zum **hoch und breit Schreiben** im Video

Dick-Dünn Schriftvariante

Bei dieser Variante der Schrift werden hier nur die Großbuchstaben verwendet. Mit Kleinbuchstaben geschrieben ist die Wirkung dann nicht mehr so groß. (Sie finden diese Variante auf der beiliegenden DVD.)
Anfänger sollten diese Schriftform nur mit einem flexiblen Filzstift schreiben.
Der Winkel, in dem Sie Feder oder Stift aufsetzen, verschiebt sich hier von 45° auf flachere 10°-20° und Sie schreiben nur einen Teil des Buchstabens mit der breiten Seite. Für den zweiten Teil stellen Sie Ihr Werkzeug auf die Kante und bekommen somit einen gleichmäßig dünnen Strich. Mit dieser Schrift erreichen Sie einen interessanten grafischen Effekt, den ich wie auf dem Entwurf nebenan durch Kombination mit breitlaufender Schrift noch verstärken kann.

Das Schreiben mit der vollen Breitseite und dem auf-die-Kante-Stellen ist die beste Vorübung für die nun folgende Schriftvariante.

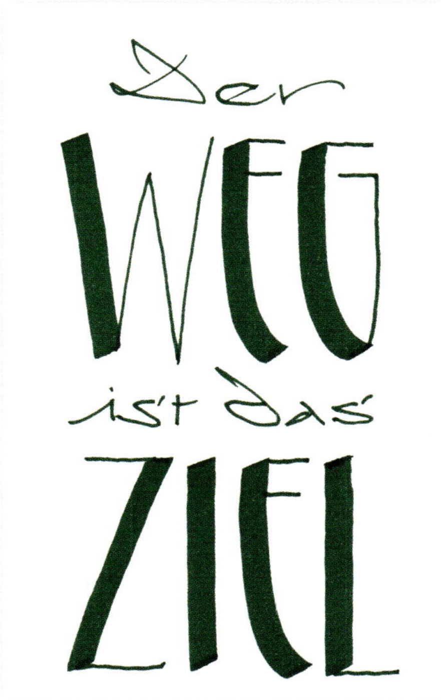

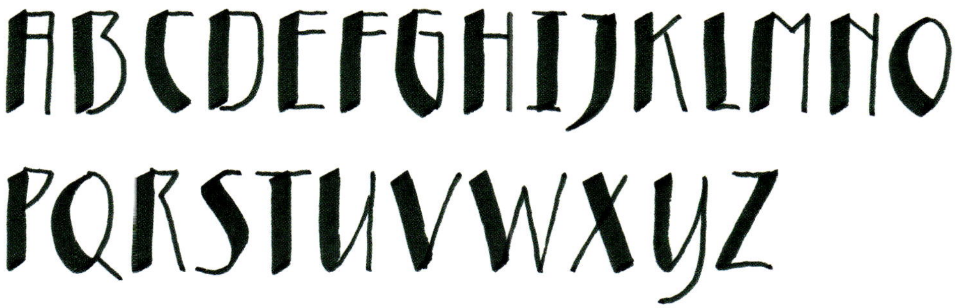

Basisschrift mit der Faltfeder geschrieben

Um mit dieser Feder zu schreiben, wäre es günstig, wenn Sie das Basisalphabet schon automatisiert haben, sodass Sie sich voll und ganz auf das Drehen der Feder beim Schreiben konzentrieren können.
Die Faltfeder – die sogenannte „Cola-Feder“ – bietet bei einem ähnlichen Schriftbild wie die Bandzugfeder eine größere Bandbreite zwischen dick und dünn. Dieser Kontrast wird „erkauft“ durch das ständige Drehen der Feder während des Schreibens. Das heißt, Sie setzen sie breit auf, um die dicken Stellen zu erhalten (1). Wenn Sie die Feder mit einer kleineren Fläche aufsetzen, wird Ihr Strich dünner (2) und schließlich wird er ganz fein, wenn Sie die Feder auf ihre Spitze stellen (3).
Im unteren Bild sehen Sie einige Vorübungen für die Faltfeder.

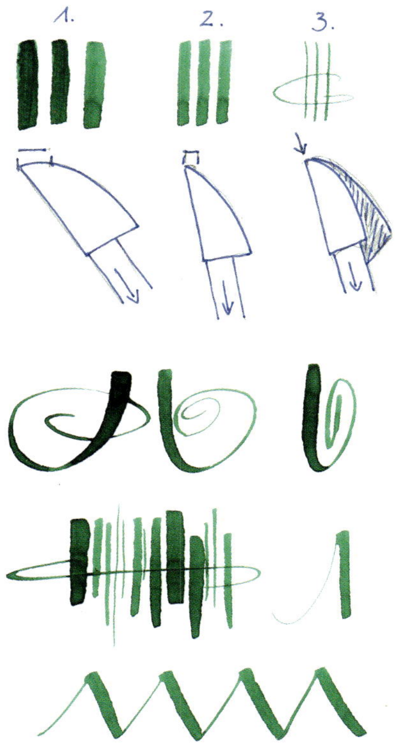

Tipp

Wenn Ihre Faltfeder aus dünnem Blech gefertigt ist, sollte sie nur locker und leicht übers Papier geführt werden (denken Sie an den guten Schliff!), da sie bei zu starkem Druck in der Mitte einen Knick bekommt und dann ihren Halt verliert.

Falls Sie über robustes Blech und gutes Werkzeug verfügen, können Sie natürlich auch eine stabilere Feder basteln. Allerdings braucht auch diese einen sehr guten Schliff, sonst ist sie nicht flexibel genug.

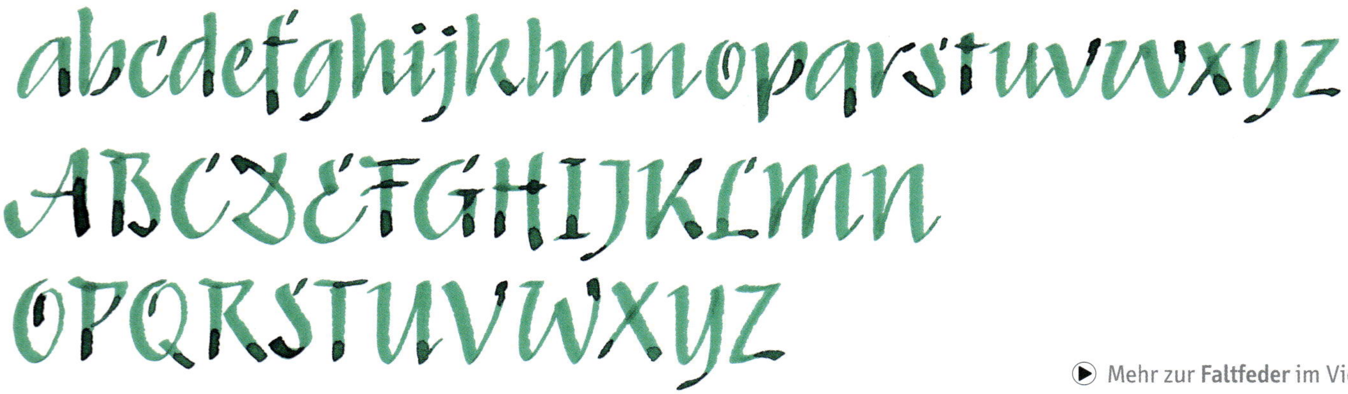

▶ Mehr zur **Faltfeder** im Video

Ausgeschmücktes Alphabet

Diese ausgeschmückte Variante können Sie für einen kurzen Text, für die Gestaltung von Überschriften oder als Schmuckbuchstaben, sogenannte Initialen, am Anfang eines Textes oder einer Seite verwenden.

Sie ziehen die Buchstaben beim Schreiben etwas weiter auseinander als normalerweise, um Platz zu machen für die Ausgestaltung mit ummantelnden Strichen.

Die Vorlage ist als Anregung gedacht; bei den Großbuchstaben habe ich mit Farben und Formen gespielt – Sie können gerne eigene Varianten ausprobieren! Achten Sie dabei darauf, dass der Buchstabe immer klar erkennbar bleibt.

Eine Anwendung dieser Schriftart sehen Sie bei den Namenschildern im Kapitel „Geschenkideen“ auf Seite 70–71.

Beim Schreiben von Initialen kann entweder der Buchstabe selbst gestaltet und ausgefüllt werden und/oder Sie können ein extra gestaltetes Feld hinzufügen.

Damit der Kontrast möglichst groß wird, ist es schön, wenn der dazugehörige Text klein und eng geschrieben wird.

Ein weiteres Beispiel für eine Gestaltung mit Initiale ist die Trost- oder Trauerkarte „Bin auf Erden“, bei der ich die Ausschmückung der Initiale B kombiniert habe mit einem „Grasboden“ aus Balsaholz.

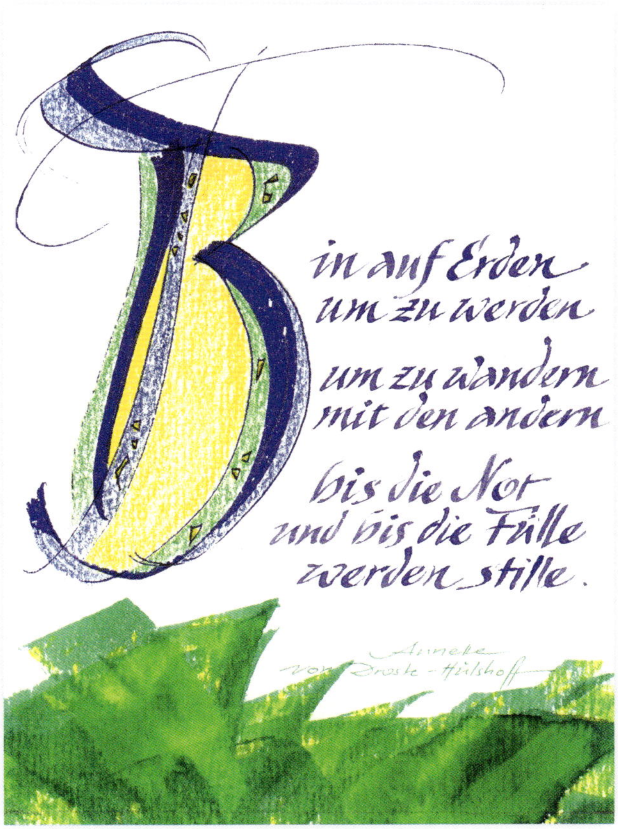

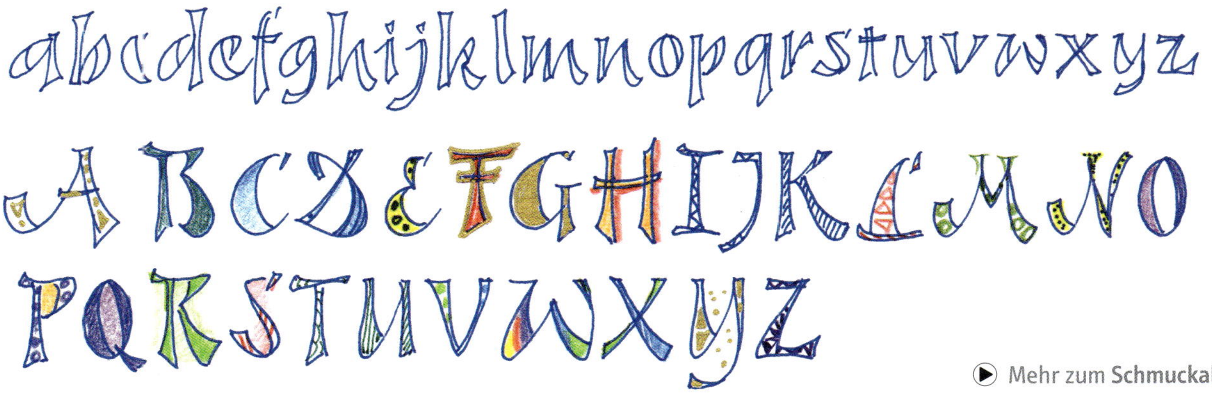

▶ Mehr zum **Schmuckalphabet** im Video

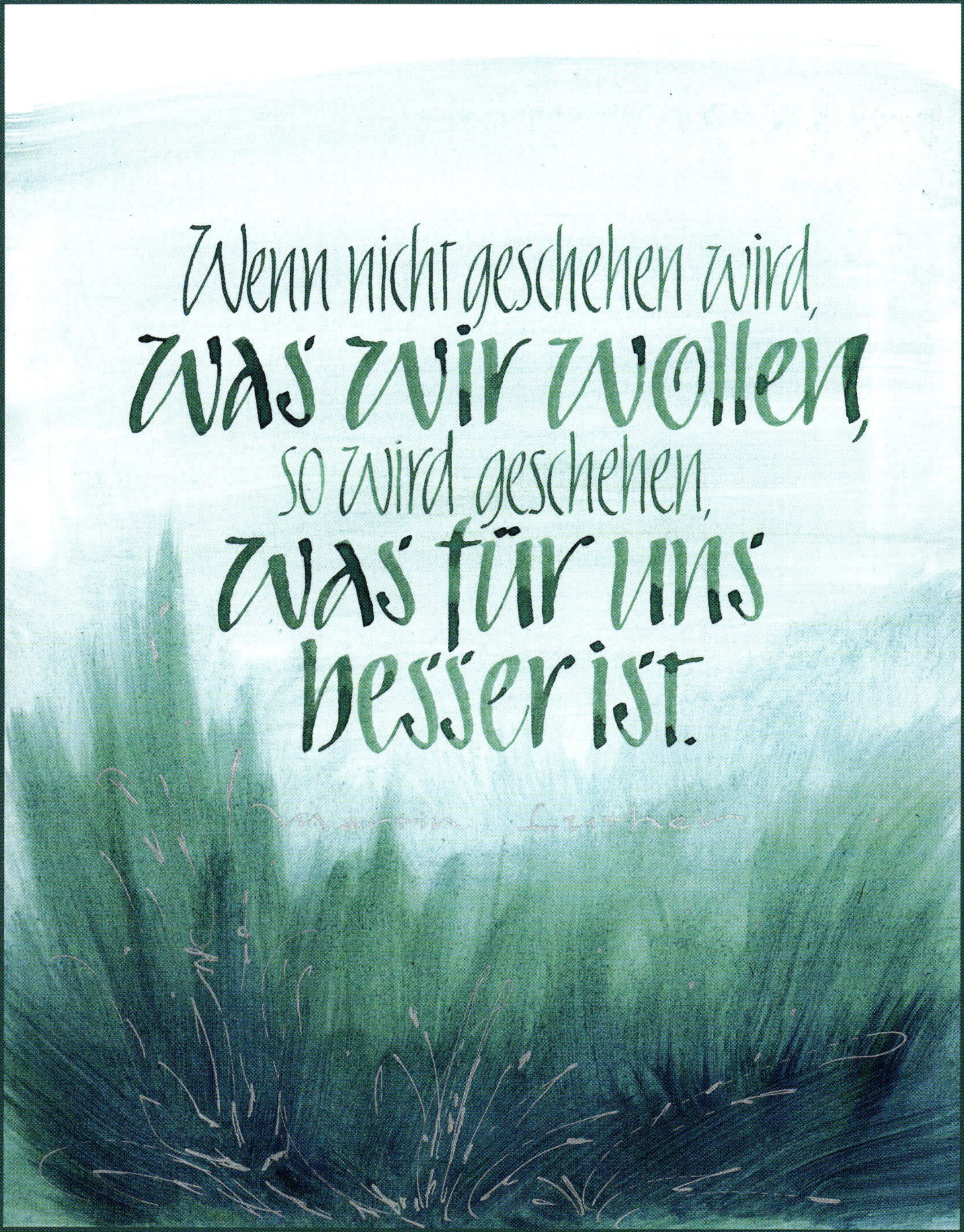
Wenn nicht geschehen wird,
was wir wollen,
so wird geschehen,
was für uns
besser ist.
Martin Luther

Einfache Gestaltungsregeln mit großer Wirkung

Ebenso wichtig wie die Bemühung um das gelungene Detail bei den einzelnen Buchstaben ist es, ein Gespür für das Gesamtbild zu bekommen. Das ist nämlich das Erste, was wir wahrnehmen. Und wenn ein Bild ein angenehmes oder faszinierendes Gefühl bei uns auslöst, dann ist es oft ein Grund dafür, warum wir es aufstellen oder an die Wand hängen.

Im vorherigen Kapitel habe ich bereits davon gesprochen, dass der erste Schritt darin liegt, den Unterschied wahrzunehmen. Um Ihre Wahrnehmung zu verfeinern, schauen Sie sich bewusst einmal Gestaltungen mit Schrift an. Fragen Sie sich, warum Ihnen ein Flyer, eine Einladung, eine Karte, ein Cover gefällt und ein anderes gar nicht. Mögen Sie die Farben, die Formen, die Beziehung zwischen den beiden? Sind Ihnen die Abstände angenehm?

In meinen Kursen gebe ich sehr früh schon kleine Gestaltungsaufgaben, die später verglichen werden – nicht etwa um zu bewerten oder gar abzuwerten, sondern weil man wunderbar Vorher-Nachher-Aha-Erlebnisse haben kann, wenn man sieht, wie sich mit kleinen Veränderungen in Abstand, Raumausfüllung, Buchstabendicke oder -größe auch die Wirkung verändert.

Da ich solche Erlebnisse im Buch nicht bieten kann, habe ich diesem Kapitel mit Gestaltungstipps sehr große Aufmerksamkeit gewidmet und hoffe, dass ich Ihnen damit weiterhelfen kann!

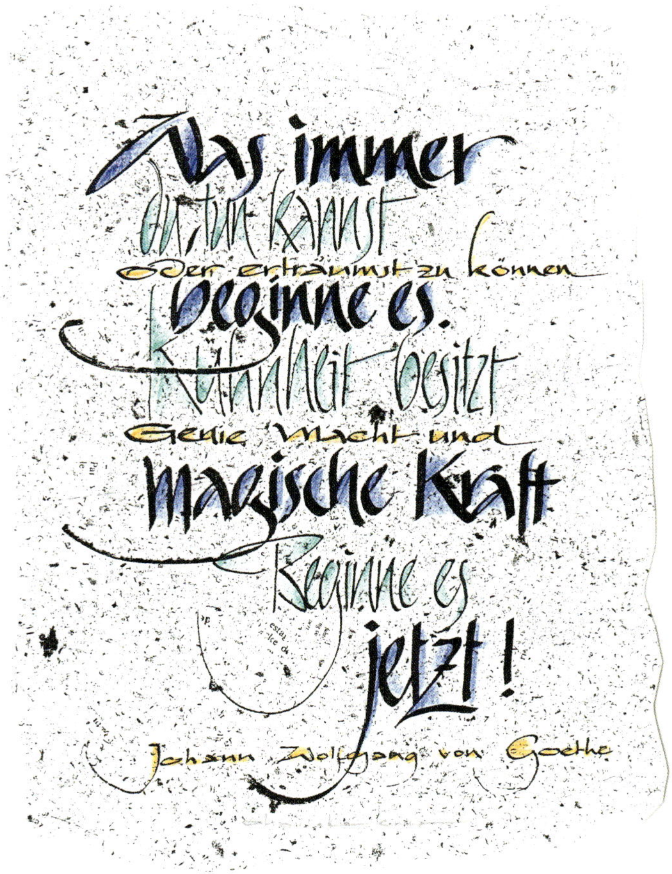

Dieses Zitat von Goethe habe ich ganz spontan und schnell mit Filzstift auf ein handgeschöpftes Papier geschrieben. Davon habe ich eine Kopie gemacht, die ich mit Buntstift bearbeitet habe.

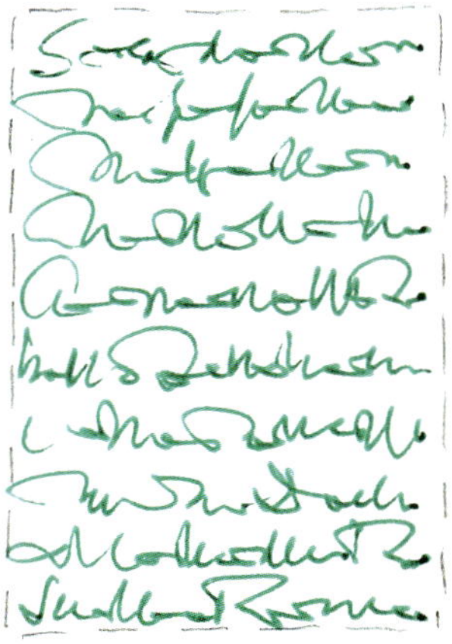

(1)

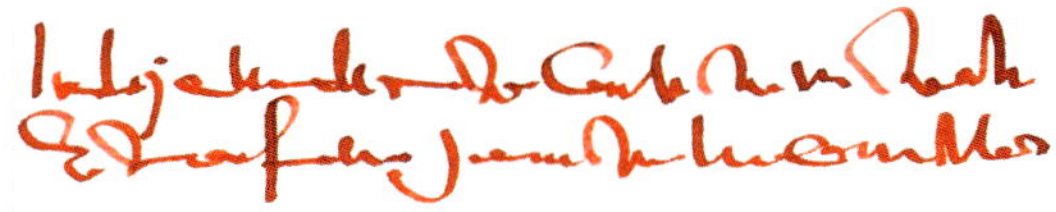

(2)

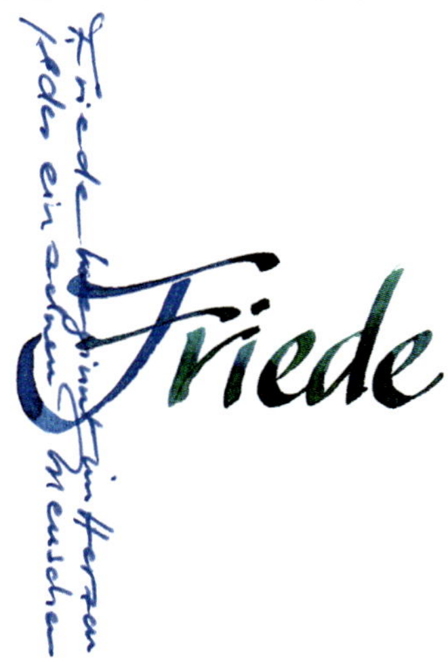

(3)

Der Raum

Ein wichtiger Faktor für die Wirkung Ihres schön geschriebenen Textes ist der Raum, in dem er steht. Das bedeutet zunächst einmal, dass genügend Platz „zum Atmen" um Ihre Schrift herum vorhanden sein soll.
Statt die gesamte Fläche Ihres Papieres – oder Ihrer sonstigen Gestaltungsoberfläche – als Begrenzung zu benutzen, legen Sie sich zusätzlich einen inneren Rahmen an, in dem Sie Ihren Text schreiben, quasi wie bei einem Passepartout. (1)
Spannung erzeugen Sie, indem Sie mit dem Raum spielen, z. B. indem Sie weite Teile frei lassen. (2)+(3)

Zur Veranschaulichung können Sie sich ein Zimmer vorstellen, in dem nur wenige Möbelstücke stehen, die im Raum einen Blickfang bilden. Ein weißes Sofa in einem weißen Raum hat ein anderes Gewicht als ein schwarzes, die grüne Pflanze dazu bietet Kontrast und Auflockerung. Ein großes Bild an der Wand wirkt anders als ein kleines.
Wenn wir einen Text schreiben, können wir wie in einem realen Raum den Innenarchitekten spielen, der die Gegenstände hin- und herrückt und zueinander in Beziehung setzt. In unserem Text bringen wir die Buchstaben, die Worte, die Zeilen, die Zeilenabstände zueinander und zum ganzen Raum in Beziehung.

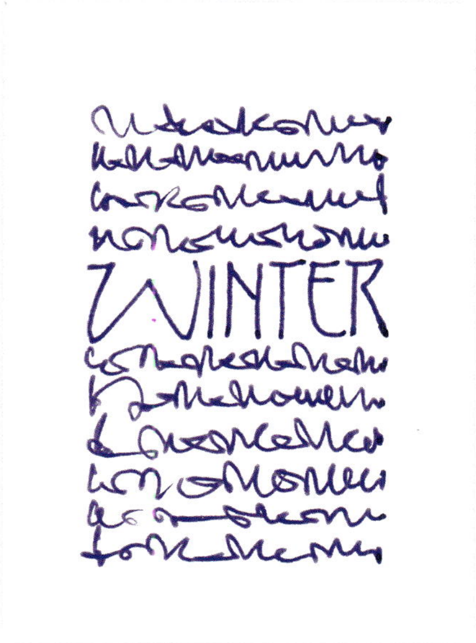

(4)

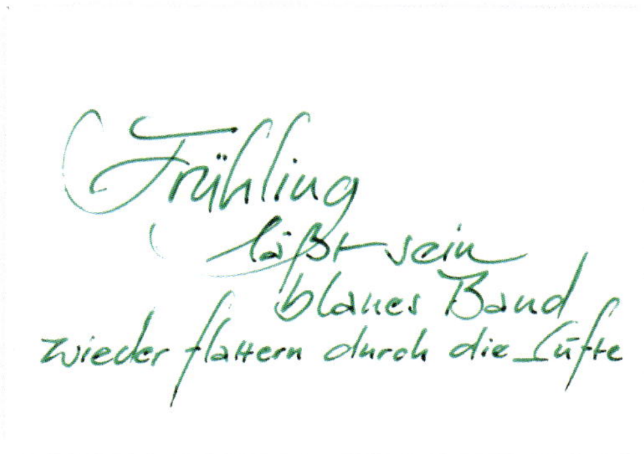

(5)

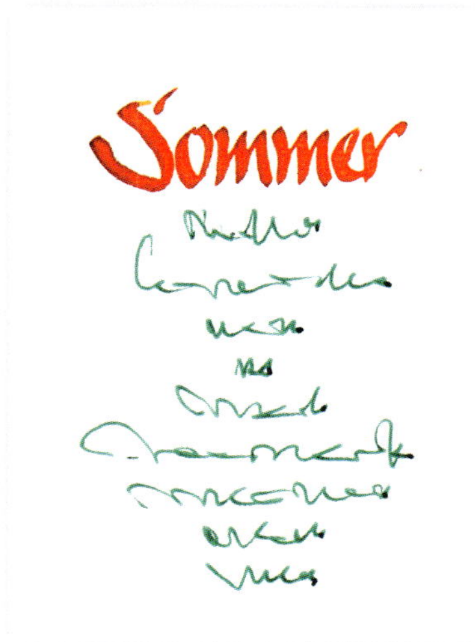

(6)

Technische Details

Der bei Gestaltungen eher selten verwendete **Blocksatz** beginnt linksbündig und hört rechtsbündig auf. Wir kennen ihn aus Büchern oder Zeitungen; er wirkt meist starr und massiv. Ich kann ihn natürlich bewusst einsetzten, wenn ich genau diese Wirkung erzielen möchte. (4)

Flattersatz nennt man eine offene Gestaltung, in der Sätze nicht auf der linken Seite „linksbündig“, d. h. in einer Linie mit der linken Seite, anfangen müssen. Auch ihr Abschluss auf der rechten Seite ist frei wählbar. Die Wirkung ist meist sehr lebendig und eher unkonventionell. (5)

Der **Mittelsatz** bietet die Möglichkeit für eine harmonische und gleichzeitig offene Gestaltung. Er orientiert sich an der Mitte des Blattes und ist nach beiden Seiten gleich lang. Allerdings ist seine Anwendung etwas zeitaufwendiger. (6)

Wenn ich mit Mittelsatz arbeiten möchte, schreibe ich mir meinen Text erst einmal spontan vor, damit ich ein ungefähres Bild davon vor mir habe. Als Nächstes ziehe ich mir auf kariertem Papier neben der senkrechten Mittellinie weitere senkrechte Linien in gleichen Abständen nach links und rechts. Dann übertrage ich das Geschriebene auf das karierte Papier und achte dabei darauf, dass die Abstände nach links und rechts von der Mitte aus gesehen gleich lang sind – dafür sind oft mehrere Arbeitsgänge nötig. Am Schluss schreibe ich das Ganze über dem Leuchttisch auf mein ausgewähltes „gutes“ Papier.

▶ Mehr zum **Mittelsatz** im Video

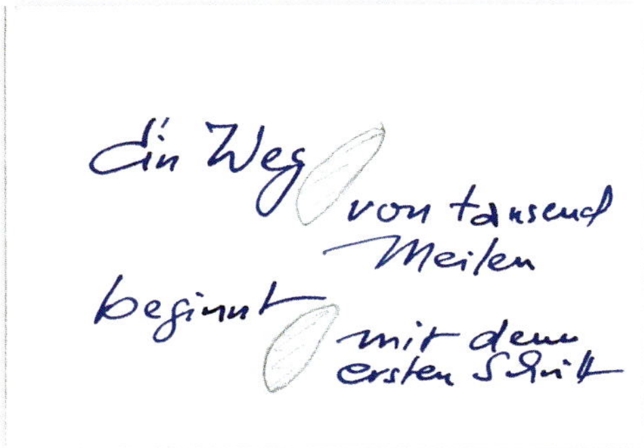

(1)

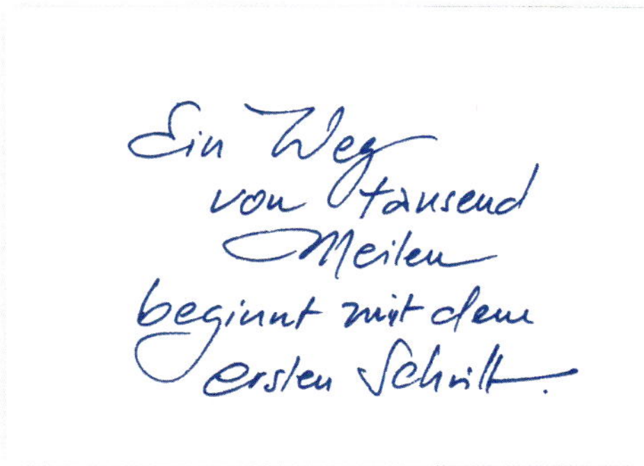

(2)

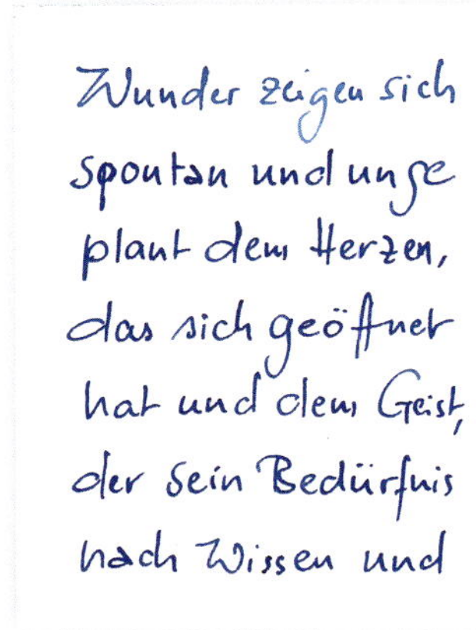

(3)

Verbundenheit der Sätze, Zeilenabstand und Zwischenräume

Bei einer offenen Gestaltung, in der Sie Ihre Sätze im Flattersatz schreiben, ist es unbedingt wichtig, darauf zu achten, dass keine optischen Löcher entstehen.

Unserem Auge, das daran gewöhnt ist, beim Lesen von links nach rechts geführt zu werden, ist es unangenehm, ein solches „Loch" zu überwinden und weiterzugehen (Bild 1). Lieber springt es dann wieder zum linken Rand zurück und liest bei der übernächsten Zeile weiter. Schreiben Sie einmal absichtlich mit optischen Lücken und testen Sie selbst, was Ihr Auge dabei tut!

Ideal ist es, wenn Sie die Sätze so schreiben, dass immer eine Überschneidung der Zeilen stattfindet (Bild 2). Das schafft eine Verbundenheit, die uns nicht nur das Lesen erleichtert, sondern dem Betrachter auch erlaubt, das Geschriebene als Ganzes wahrzunehmen statt in Einzelteilen.

Einer der häufigsten Fehler, der anfangs gemacht wird, ist ein zu großer Zeilenabstand, der ebenfalls zu optischen Lücken führt und das Lesen erschwert. Bei Bild 3 ist der Zeilenabstand zu groß, bei Bild 4 können Sie erkennen, dass das Bild viel leichter als Ganzes zu erfassen ist.

Oft geschieht das aus der Angst heraus, dass Unter- und Oberlängen sich in die Quere kommen könnten. Schreiben Sie doch einmal einen kurzen Text, dann werden Sie merken, dass dieses Aufeinandertreffen der Längen gar nicht so häufig geschieht, wie es befürchtet wird. Falls es doch vorkommt, gibt es einige Tricks.

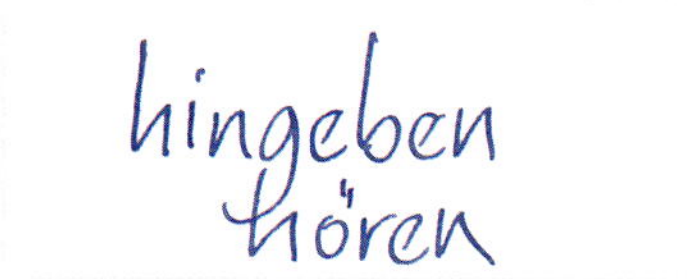

(5 a)

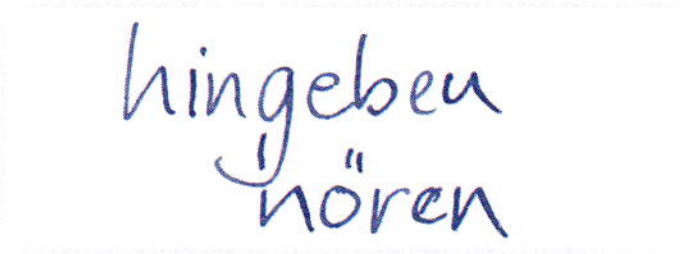

(5 b)

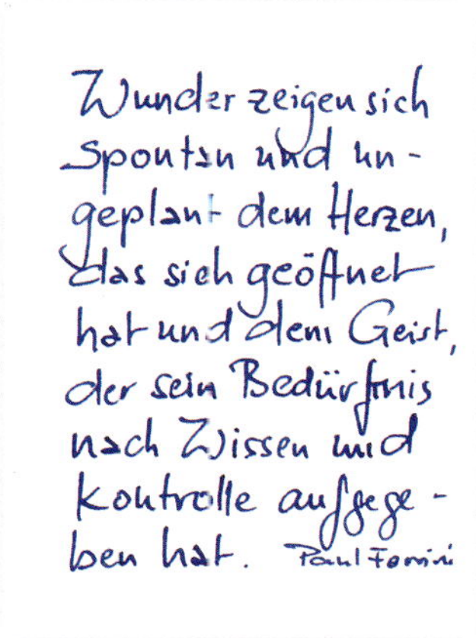

(4)

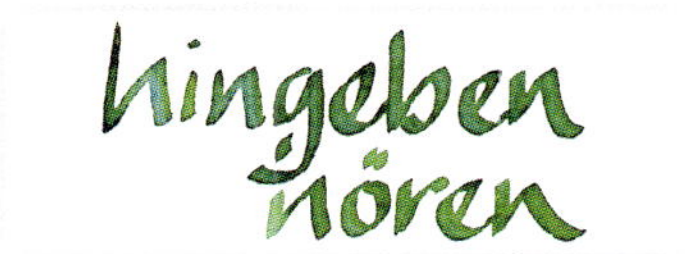

(5 c)

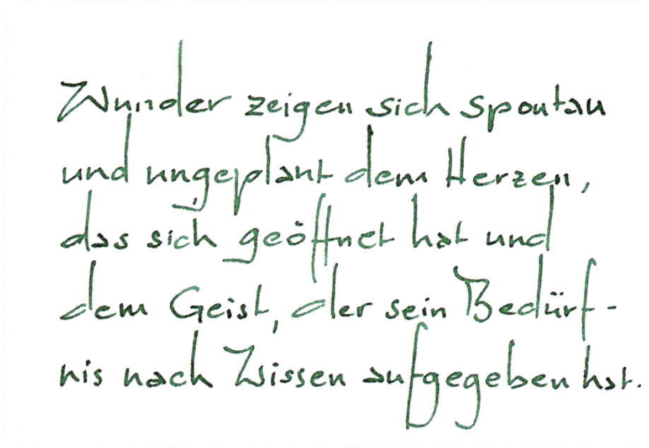

(6)

Tipp

Ein Text mit kleinen Zeilenabständen wäre z. B. einer, bei dem die Mittellänge zwei Kästchen auf kariertem Papier beträgt, dazu zwei Kästchen als Zeilenabstand – immer von Mittellänge zu Mittellänge –, das würde bedeuten, dass etwas mehr als ein Kästchen für die Unterlänge des oberen Satzes, etwas mehr als ein Kästchen für die Oberlänge des unteren zur Verfügung steht. Da kann es schon einmal zu Kollisionen kommen.

In dem Fall können Sie bei feinen, dünnen Schriften durchaus beide Längen übereinander laufen lassen wie hier beim oberen Beispiel in Bild 5 a. Oder Sie durchbrechen die Oberlänge der unteren Zeile wie im mittleren Beispiel (Bild 5 b), das funktioniert auch bei dickeren Schriften wie im unteren Schriftzug (Bild 5 c).

Das Schreiben mit der Hand gibt Ihnen die Freiheit, Ihre Worte unauffällig und subtil etwas zusammenzurücken oder auseinanderzuziehen, um eine Kreuzung zu vermeiden. Ein großer Zeilenabstand sieht dann gut aus, wenn Sie Ober- und Unterlängen ungewöhnlich lang schreiben. Sie übernehmen dann die Aufgabe der Verbindung. Ein so geschriebener Text sieht meist leicht und edel aus (Bild 6).

Technische Details

Der sogenannte **Schwärzungsgrad** einer Schrift entsteht durch die Dichte der Buchstaben. Wenn ich meine Augen halb schließe und dann ein beschriebenes Blatt ansehe, fällt mir auf, dass eine eng und/oder dick geschriebene Stelle dunkler wirkt als weit auseinander stehende, dünne Buchstaben.

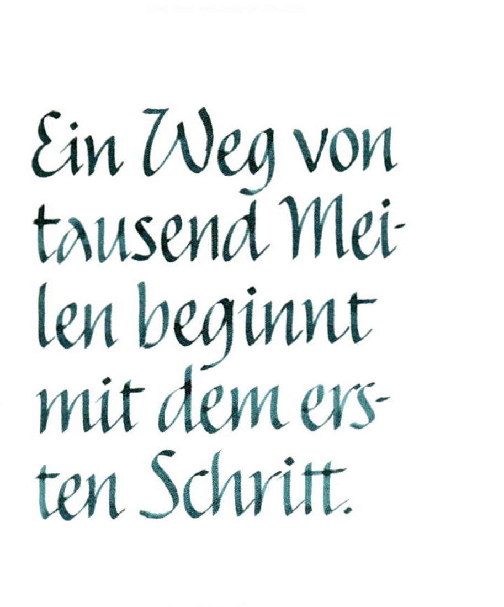

(1)

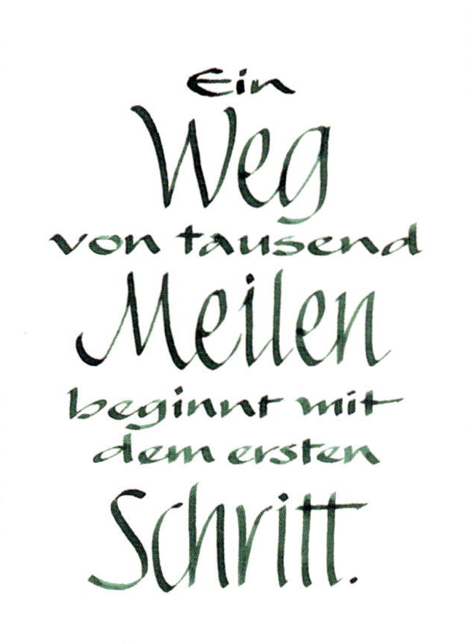

(2)

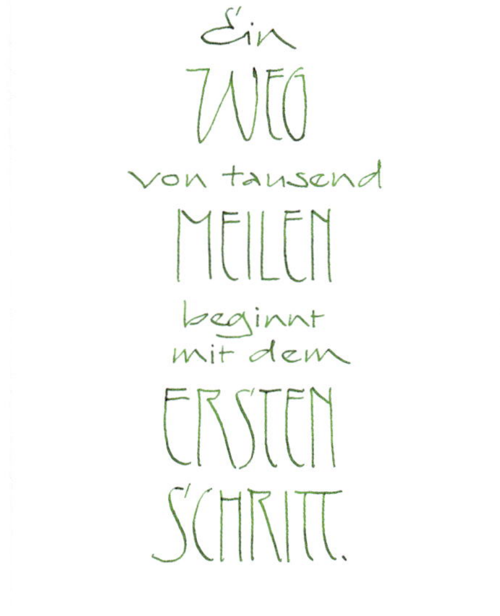

(3)

Spannung schaffen durch Kontraste

Sobald Sie mit Kontrasten gestalten, öffnet sich Ihnen ein weites Feld für Kreativität und Spiellaune! Spannend wird eine Gestaltung immer dann, wenn sie nicht so harmonisch und gleichförmig ist wie z. B. in einer Reihenhaussiedlung, in der ein Haus aussieht wie das andere. Was nicht bedeutet, dass Harmonie schlecht oder langweilig wäre. Es gibt Texte, die wirken am besten, wenn sie in völliger Gleichförmigkeit geschrieben sind.

Doch gerade in unserer Zeit der völligen Reizüberflutung ist es wahrscheinlicher, dass wir uns eher von einer spannenden Gestaltung angezogen fühlen.

Sie können testen wie es Ihnen selbst geht, wenn Sie das gleichförmige Bild 1 mit den folgenden fünf Gestaltungen vergleichen. Bild 2 ist ein Beispiel für den Kontrast zwischen hoch und tief. Bei Bild 3 ist der Kontrast von eng und weit zu sehen.

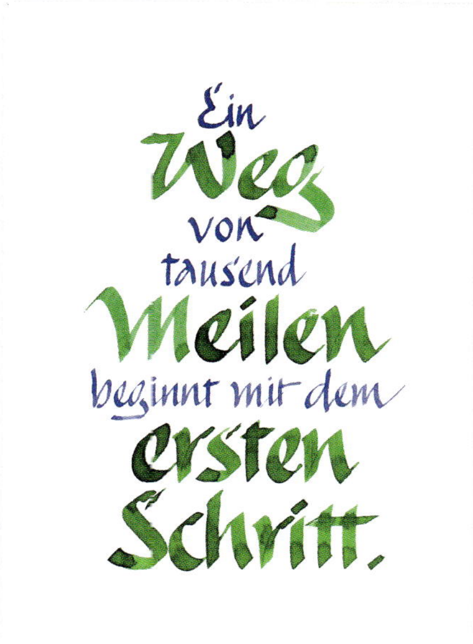

(4)

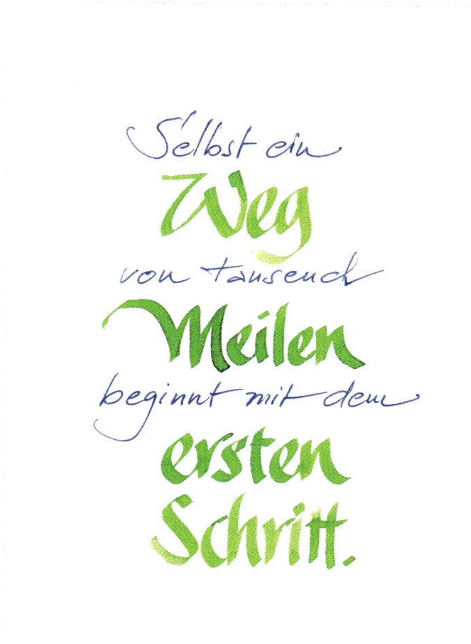

(5)

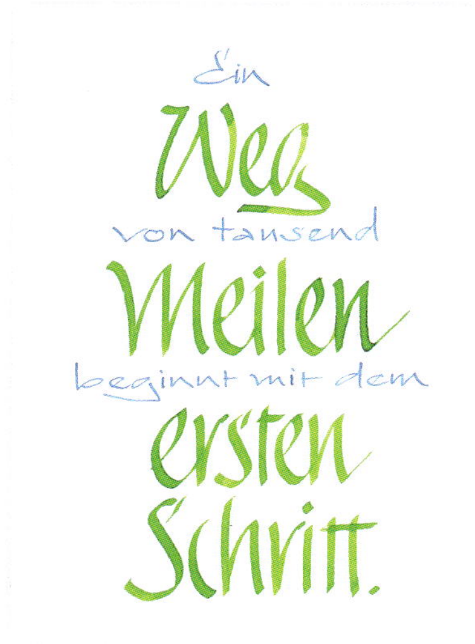

(6)

Bild 4 arbeitet mit der Spannung durch fett und dünn. Bild 5 spielt mit den Gegensätzen zwischen gerade und schräg. Aus den drei Kombinationsmöglichkeiten, die für einen größeren Kontrast sorgen, ergeben sich natürlich auch komplexere Kombinationen, wie man es bei Bild 6 sehen kann.

Hier sehen Sie einmal eine Kombination von weit, niedrig und dünn und zugleich die Kombination von hoch, fett und eng.
Eine weitere Möglichkeit für einen Gegensatz ist die Verbindung von gerader und schräger Schrift, was noch reizvoller aussieht, wenn auch die Größe und die Weite bzw. die Stärke variieren.

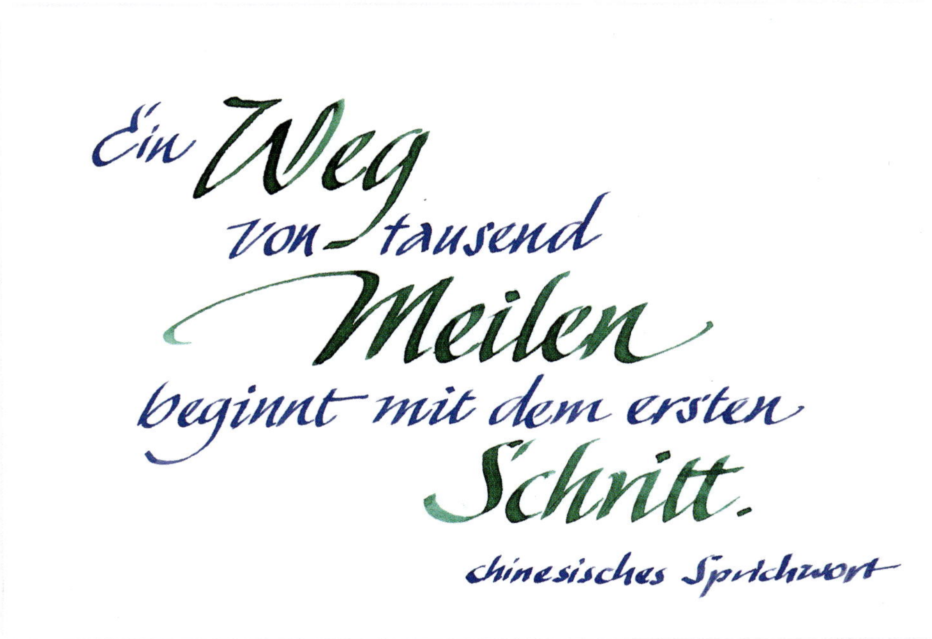

Komposition und Autorennennung

Völlig unterschätzt für die gesamte Komposition des Schriftbildes wird meiner Erfahrung nach das Setzen des Autorennamens. Wie oft habe ich es gesehen, dass auf die Gestaltung des Textes größte Sorgfalt gelegt worden war und der Autorenname dann im „muss ja sein"-Stil daruntergeschrieben wurde, ohne in das Ganze einbezogen zu werden. So entstehen Verlegenheitslösungen, die dann viel zu markant und zu dicht geschrieben sind und die gesamte Komposition aus dem Gleichgewicht bringen.

Bei diesem Bild sind alle Gestaltungstipps bis auf Autorennennung angewendet:

Der Spruch sitzt gut im Raum und hat Platz nach allen Seiten hin. Die offene Gestaltung im Flattersatz ist ansprechend, weil die Zeilen sich überschneiden und somit gut verbunden sind, die Zeilenabstände sind eng genug. Die Gestaltung mit hoch-niedrig macht das Ganze reizvoller.

Nun kommen wir jedoch zum Autor – in diesem Fall „Chinesisches Sprichwort" – und sehen, dass durch die enge und viel zu dicke Schreibweise der Schwärzungsgrad sehr hoch ist. Dadurch bekommt diese Stelle ein Übergewicht und zieht alles andere in die rechte untere Ecke.

Hier kommt noch ein anderer, meist unbewusster Faktor hinzu: Unter Berücksichtigung unserer Leserichtung nehmen wir etwas als positiv wahr, was uns von unten links nach oben rechts führt; als „runterziehend" das, was von oben links nach unten rechts führt.

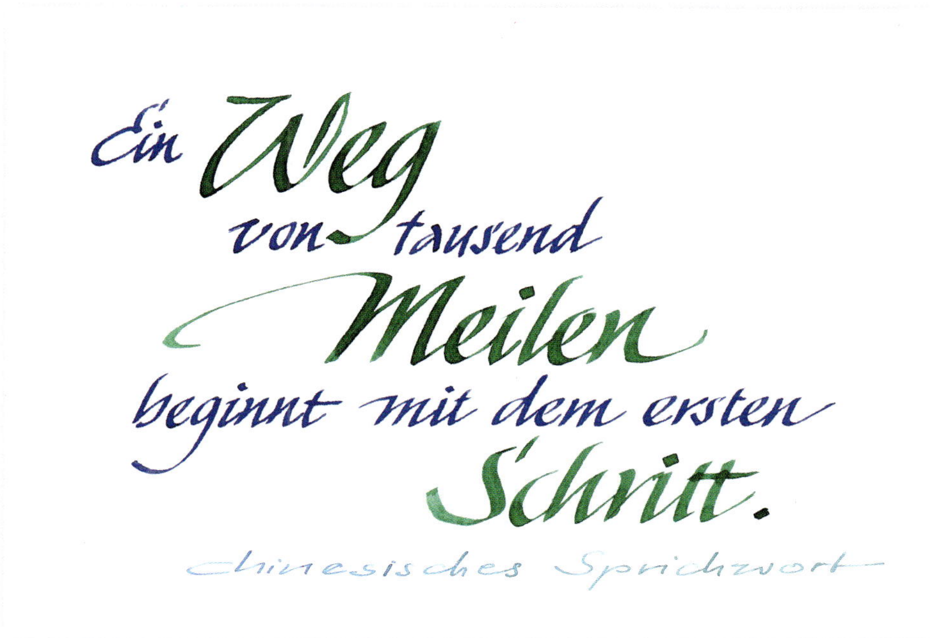

Tipp

Diesen Eindruck vermeide ich im folgenden Bild, wo ich dem Spruch mit dem weit und dünn auseinandergezogenen Autorennamen ein Fundament, einen festen Boden unter den Füßen gebe.
Außer in jenen Fällen, in denen Sie das Gewicht einer engen Schrift bewusst als Gestaltungselement einsetzen wollen, ist es ratsam, den Autorennamen in einer Form zu schreiben, welche die Komposition im Gleichgewicht hält, sie unterstützt oder in der richtigen Spannung hält. Das heißt, auch bei einer fetten Schrift mit der Bandzugfeder darf oder sollte der Autor mit Fineliner und dadurch mit möglichst wenig Schwärzungsgrad geschrieben werden.

Natürlich muss der Autor nicht zwangsläufig immer unter dem Text stehen. Eine tolle Wirkung können Sie auch damit erzielen, dass Sie ihn beispielsweise in die Mitte eines Textes setzen oder in die Schwünge eines den Text begleitenden Ornamentes integrieren.

Bei vielen Gestaltungen ist – oder wirkt – der untere Abstand zum Rand etwas größer als der obere. Wenn ich das psychologisch betrachte, wirkt ein großer unterer Abstand so, als fehle der Boden unter den Füßen und wir würden in der Luft baumeln, ohne Kontakt zur Erde. Der kleine Abstand nach oben dagegen ruft das Gefühl hervor, mit dem Kopf an die Decke zu stoßen, keine Freiheit nach oben zu haben.
Schauen Sie sich unter diesem Gesichtspunkt doch einmal Gestaltungen mit Schrift, z. B. in Werbung, Kunst oder im Internet an und prüfen Sie die Wirkung auf sich.
Oft spricht uns eine Gestaltung mehr an als eine andere und wir können nicht genau sagen warum. Fragen Sie sich ruhig, was Ihnen daran unangenehm ist. Sobald Sie die Kriterien für Ihre Ablehnung herausgefunden haben, können Sie sie in Ihren eigenen Gestaltungen leichter vermeiden.

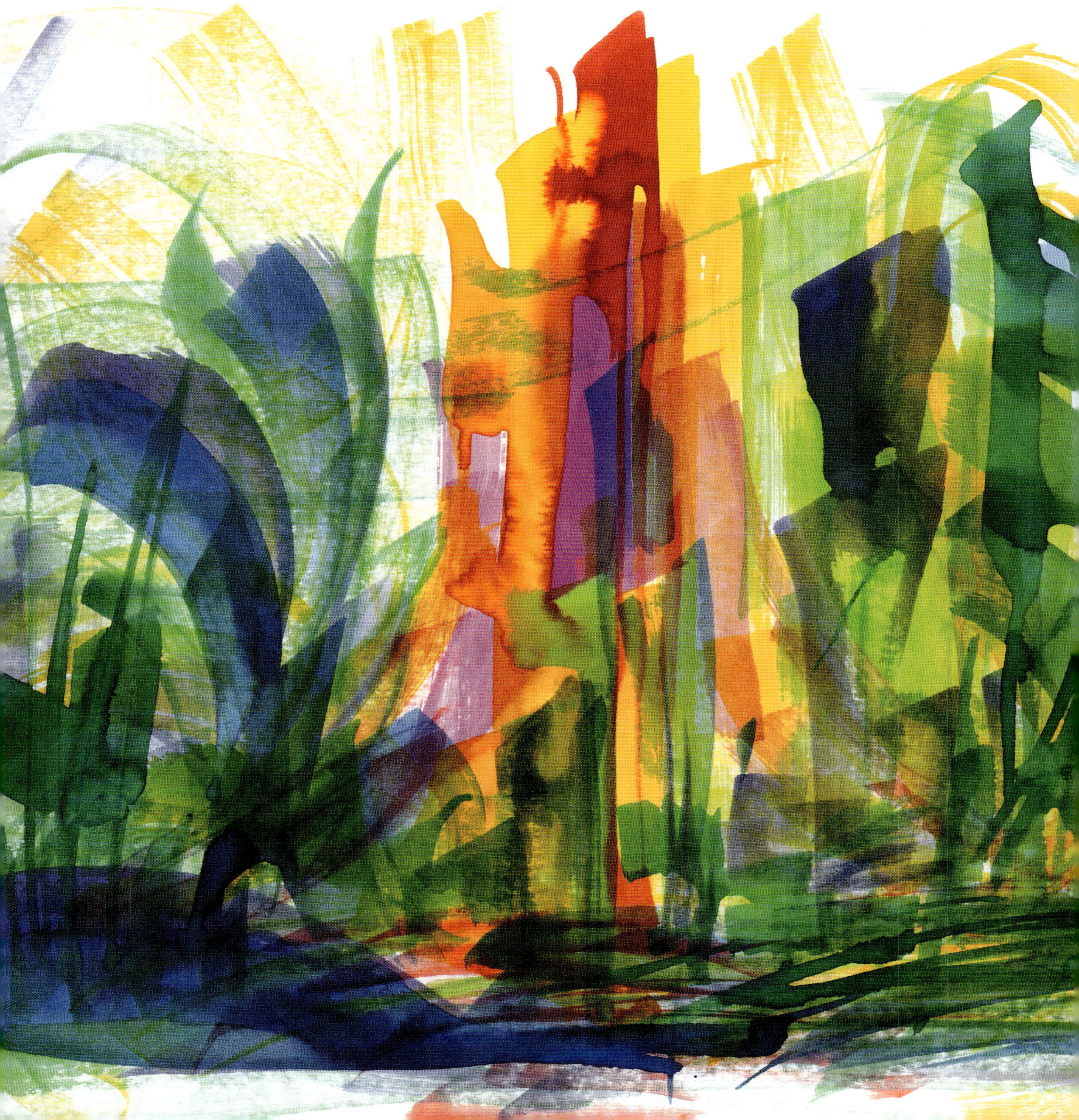

Malerische Effekte mit dem Balsaholz

Balsaholz ist ein sehr feines, weiches und dünnes Holz, das für den Modellbau verwendet wird. Entsprechend bekommt man es im Architekturbedarf oder in Modellbaugeschäften. Es wird als ca. 1 m lange Holzlatte geliefert, die man ganz leicht mit einem Cutter zurechtschneiden kann.

Das Balsaholz hat die einmalige Eigenschaft, Tinte aufzusaugen und beim Strich über das Papier langsam wieder abzugeben, sodass eine sehr schöne Struktur entsteht, die teilweise der eines Buntstiftes ähnlich ist. Die Bildausschnitte erinnern oft an Seidenmalerei.

Sie können es auch mit anderen Farben benutzen, der spezielle durchscheinende Effekt geht dann jedoch verloren. Dafür entstehen z. B. mit Acrylfarben fast spachtelähnliche Striche, die ebenfalls sehr reizvoll sein können. Ein Beispiel dafür finden Sie bei dem rechten Leinwandbild im Kapitel der Geschenkideen auf Seite 84.

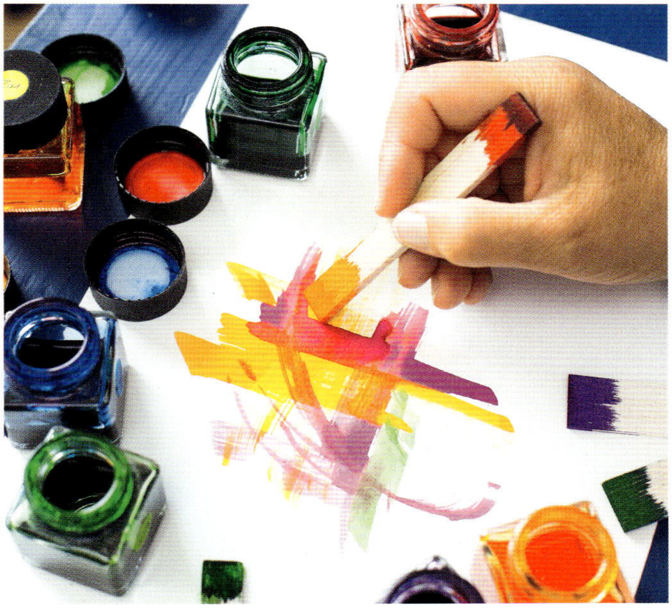

Tipp

Greifen Sie das Hölzchen möglichst weit unten und üben Sie nie zu großen Druck darauf aus. Das Holz bricht nämlich sehr schnell! Es vergeht kein Kurs, in dem ich nicht das charakteristische Knacken des brechenden Holzes höre, denn trotz aller Vorwarnungen rechnet man einfach nicht mit der Sensibilität des Stäbchens. Falls es Ihnen brechen sollte, brauchen Sie es nicht wegzuwerfen, schneiden Sie einfach mit einem Cutter oder eine Schere das Ende wieder gerade und machen dann mit dem kleinen Stück weiter.

Sie können das Holz an beiden Enden verwenden. Achten Sie bitte immer darauf, es in dieselbe Farbe zu tauchen. Auf keinen Fall sollte eine dunkle Farbe in die hellen Töne geraten, da sie dann sofort verschmutzt. Und tauchen Sie nicht zu tief ein, die Farbe zieht sehr schnell am Hölzchen hoch, wobei nur die untere Kante auch genutzt wird.

Die noch feuchten Hölzer legen Sie am besten auf einem Schmierblatt oder einer anderen Unterlage ab – sie färben sonst auf den Tisch ab. Auch das Abfärben auf die Hände lässt sich kaum vermeiden.

Mehr zum **Balsaholz** im Video

Farbflächen gestalten

Schon für das allererste Ausprobieren des Holzes empfehle ich Ihnen, ein gutes Papier zu verwenden. Durch Erfahrungen aus meinen Kursen weiß ich, dass im Prinzip **jedes** Blatt zumindest ein interessantes Eckchen enthält, das als Ausschnitt verwendet werden kann, auch wenn das gesamte Blatt auf den ersten Blick chaotisch wirkt.

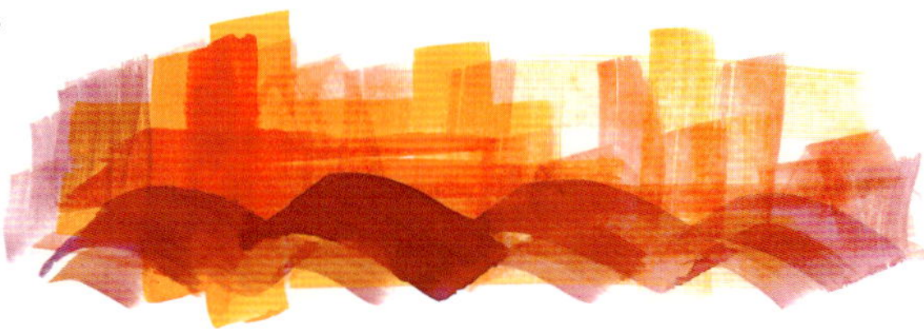

Sie können das Balsaholz erst einmal in einfachen Bewegungen von oben nach unten schieben, von links nach rechts und umgekehrt.

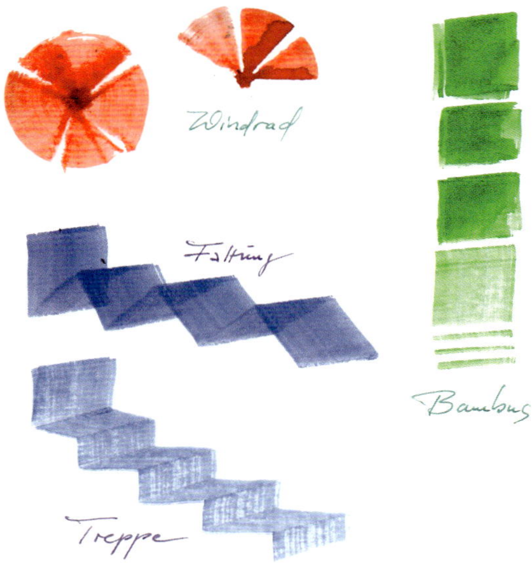

Sie können es in verschiedenen Winkeln aufsetzen, es an einer Kante festhalten und dann um sich selbst drehen (Windrad). Sie können es absetzen (Bambus) oder im Zick-Zack verwenden (Treppe und Faltung). Außerdem können Sie es auf die Kante stellen und damit feine Linien ziehen oder tupfen.

Der Fantasie sind wie immer keine Grenzen gesetzt und jeder findet seine individuelle Art, damit umzugehen. Wichtig ist nur, dass Sie beim Ausprobieren kein fertiges Bild im Kopf haben – das geht erfahrungsgemäß bei den Meisten schief –, sondern sich einlassen auf ganz absichtslose Bewegungen und ein Bild, das möglicherweise nicht Ihren Erwartungen entspricht. Manchmal entstehen aus solchen absichtslosen Bewegungen auch sehr wirkungsvolle und anziehende Bilder wie der Ausschnitt auf der vorherigen Seite.

Ich schlage vor, dass Sie mindestens drei ihrer Lieblingsfarben verwenden. Je mehr Farben ins Spiel kommen, desto interessanter werden die Farbkombinationen, da die Tinte sich auf dem Papier von selbst mischt. Wenn Sie dabei eine noch feuchte Stelle überqueren, gibt es die typischen auslaufenden Aquarell-Effekte, an trockenen Stellen erhalten Sie deutliche Grenzen.

Beginnen Sie mit einer hellen Farbe und lassen Sie auch bewusst Stellen stehen, wo die Tinte nachlässt. Wenn Sie später mit dunkleren Farben darüber gehen, entstehen ohne ihr bewusstes Dazutun perspektivische Effekte. Das geschieht, weil helle Farben in den Hintergrund treten und dunkle nach vorne kommen.

Wenn Sie beim ersten Ansetzen gerne schon den durchscheinenden oder den weniger vollen Farbzug für einen eher pastelligen Effekt haben wollen, dann streifen Sie das Holz einfach ein paar Mal auf einem Schmierblatt ab. Auch dieses Blatt kann hinterher sehr interessant aussehen und Ihnen Impulse für eine neue Idee geben.

Mehr zum **Gestalten mit Balsaholz** im Video

Formen und Ornamente

Bei diesen Formen können Sie sich von der Natur inspirieren lassen. Wirkungsvoll ist die Kombination von Balsaholz und Feinliner, wie Sie an diesen zwei Scribbles sehen können, wo mit dem Tintenroller feine Gräser und Blüten über die Balsablätter gezeichnet worden sind. Hierbei gehen Lebendigkeit und Spontaneität vor Genauigkeit.

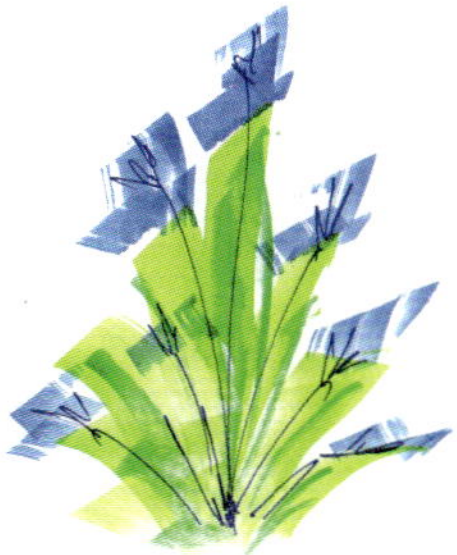

Gräser 1

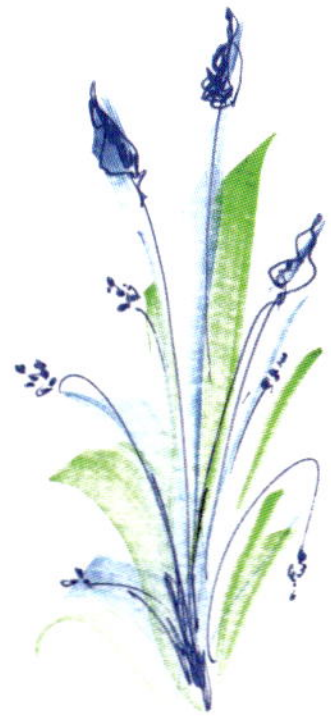

Gräser 2

Bei folgendem **Ornament** können Sie den Strich tanzen lassen und dann wie im zweiten Schritt gezeigt mit einer weiteren Farbe – oder auch einer dritten – einen Gegenstrich darüber ziehen.

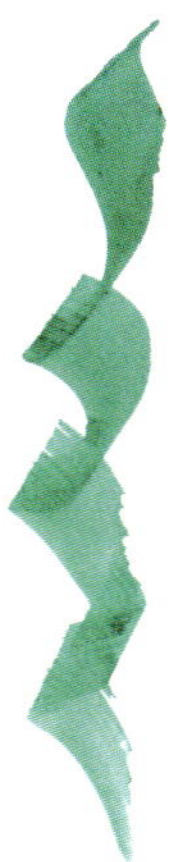

Ornament Schritt 1

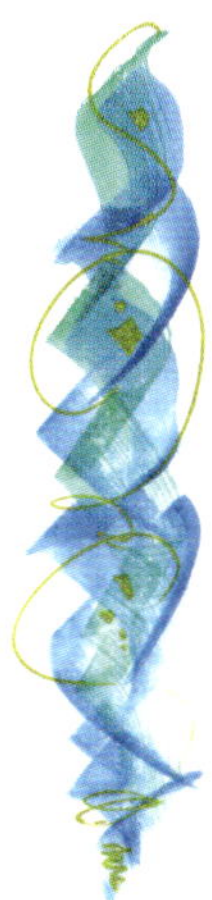

Ornament Schritt 2

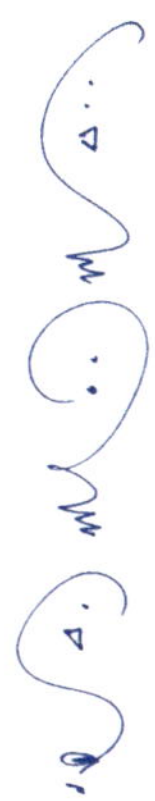

Ornament Schritt 3

Zum Abschluss gehen Sie mit einem Fineliner oder einem Goldstift mit der gleichen tanzenden Bewegung darüber, wobei Sie ruhig auch ein paarmal in der Bewegung stocken können, um kurz hin und her zu gehen. Danach können Sie auch hier in einer Gegenbewegung nochmal darübergehen.
Diese Ornamente eignen sich sehr schön als Lesezeichen oder für senkrechte Panoramaformate – auch völlig ohne Schrift. Ein Beispiel dafür können Sie bei den Lesezeichen im Kapitel der Geschenkideen sehen (siehe Seite 60).

Eine **Blume** erhalten Sie, indem Sie zwei Striche zueinander ziehen. Dabei drehen Sie das Blatt am besten immer wieder, bis die Blume fertig ist. Sie können sich versuchen an Tannenbäumen, Wiesen, **Palmen,** Häusern, Bergen, Sonnen etc.

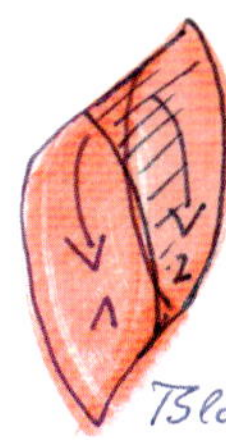

Blatt

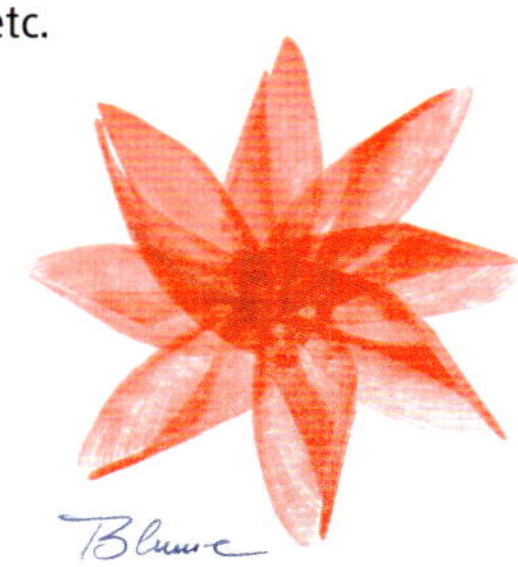

Blume

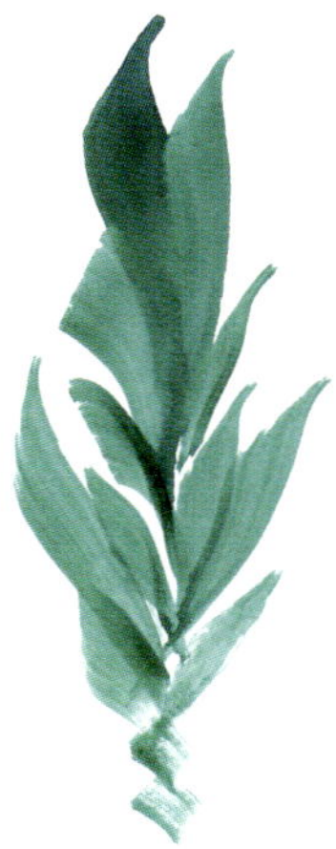

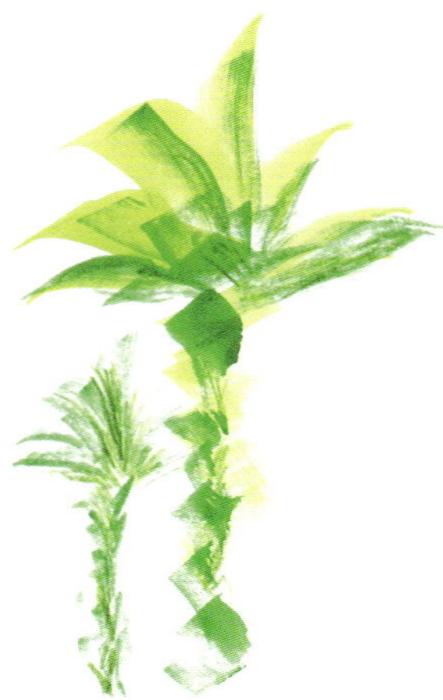

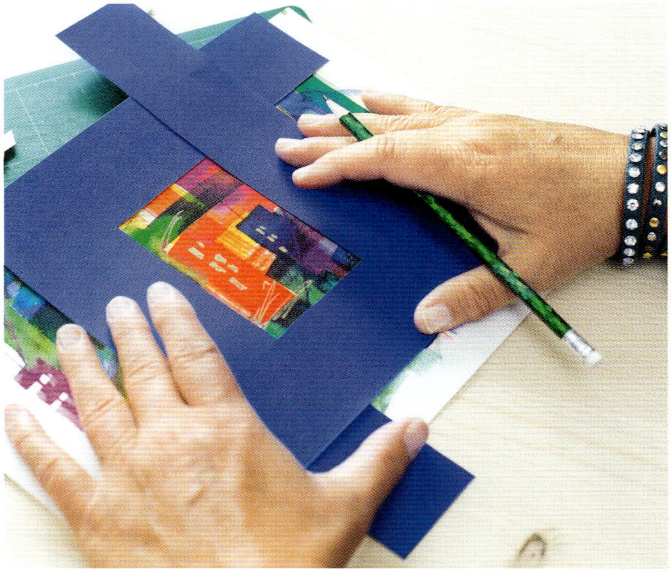

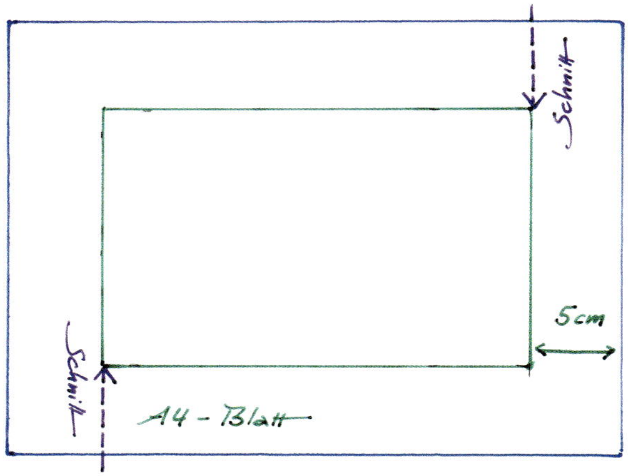

Modell für beweglichen Rahmen

Ausschnitte finden

Ein spannender Moment entsteht, wenn Sie aus einem chaotischen und manchmal wirren Balsaholzblatt Ausschnitte aussuchen.
Wichtigstes Utensil dafür ist ein beweglicher Rahmen, den Sie einfach aus einem Din A4-Blatt ausschneiden können. Wenn Sie den Rahmen oft benutzen wollen, nehmen Sie dafür ein festeres Papier, es darf auch gerne farbig sein, dann sehen Sie besser, wie der Ausschnitt auf einem farbigen Untergrund wirken wird. Hierbei gilt, dass ein dunkler Untergrund die Strahlkraft der Farben mehr unterstützt als ein heller.
Sie nehmen diesen Rahmen in beide Hände und schieben ihn so zusammen, wie Sie es möchten, dabei können Quadrate oder Rechtecke in unterschiedlicher Größe oder ein Panoramaformat entstehen. Damit gehen Sie anschließend über Ihr Balsaholzblatt und schauen es sich so lange durch den Rahmen an, bis Sie mindestens einen Ausschnitt gefunden haben, den Sie jetzt mit ganz neuen Augen sehen. Bei der Suche können Sie das Blatt auch in verschiedene Richtungen drehen! Wenn Sie in einem Segment einen landschaftlichen Charakter sehen, dann wird der noch deutlicher, wenn am unteren Rand dunklere Farben sind als oben. Den oder die ausgesuchten Ausschnitt(e) zeichnen Sie in den Ecken mit Bleistift an, damit Sie sie später wieder finden können.

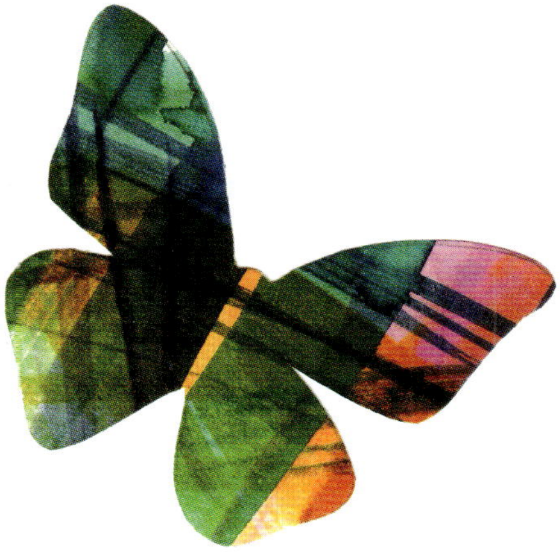

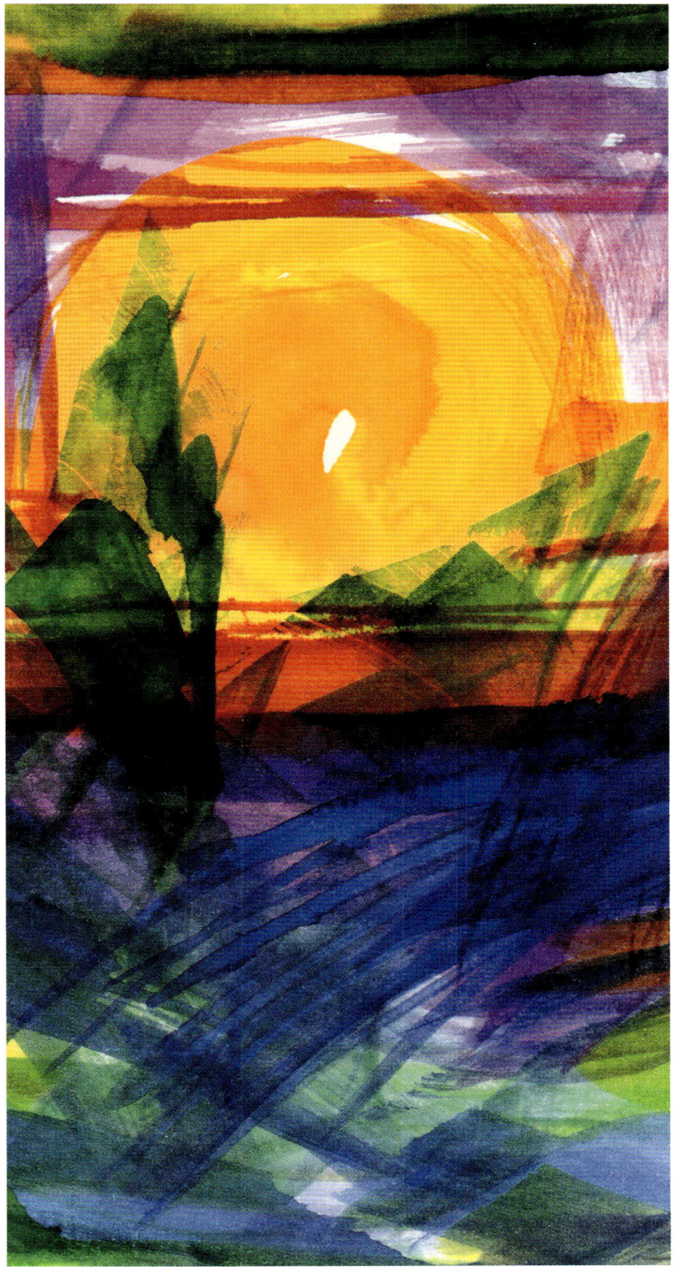

In den Jahren meines Unterrichtens habe ich schon sehr viele Ausschnitte gesehen, die in mir solch heftige Begeisterungsstürme ausgelöst haben, dass ich sie am liebsten behalten hätte! Meistens waren die ErschafferInnen vorher eher niedergeschlagen wegen Ihres vermeintlich hoffnungslos schrecklichen Blattes und wurden sehr positiv überrascht von den versteckten Schönheiten.
Oft erinnern die Bildchen an utopische Landschaften, an geheimnisvolle Wälder, an farbenfrohe Städte oder an Sonnenaufgänge. Würde man einige dieser kleinen Bilder auf 2 m x 3 m vergrößern und in ein Museum hängen, könnten diese Zufallsprodukte meines Erachtens auf jeden Fall mit den Werken bekannter Künstler mithalten.

Ebenso wie mit dem beweglichen Rahmen können Sie auch mit einem Blatt ausgestanzter Motive verfahren. Eine Vorlage dazu erhalten Sie auf der beiliegenden DVD. Es handelt sich um die Motive Stern, Tanne, Fenster, Blume, Baum, Schmetterling und Mond.
Wie Sie diese Ausschnitte anwenden können, sehen Sie im folgenden Kapitel.

▶ Mehr zum **Finden von Ausschnitten** im Video

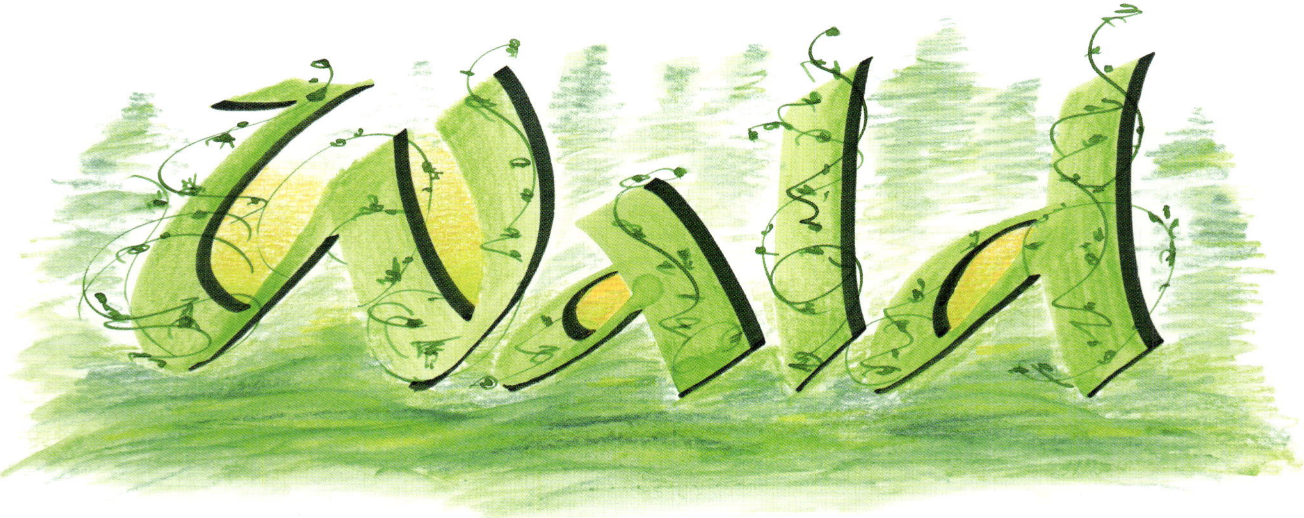

Die Erde ist unsere Mutter.
Die Erde gehört nicht dem Menschen, der Mensch gehört zur Erde.
Alle Dinge sind miteinander verbunden.
Was wir der Erde antun, tun wir uns selbst an.

Seattle, Häuptling der Duwamish

Verbindung von Schrift und Farbe

Die Verbindung von dem ganz unmittelbar erfahrbaren, intuitiven Element der Farbe mit der geistig erschaffenen Struktur der Schrift ist für mich das zentrale Thema meines künstlerischen Schaffens. Es ist wie eine Art Alchemie, wie die Verbindung von Feuer und Wasser und macht mir große Freude.

Wenn Sie farbige Untergründe und Schrift auf einem Blatt verwenden, dann ist es für die Wirkung enorm wichtig, dass eines der beiden Elemente Priorität hat, entweder das Malerische oder das Geschriebene.

Wenn Sie mit einer zu dünnen Schrift auf einen stark farbigen Untergrund schreiben, dann kämpfen beide um die Aufmerksamkeit. Ein solcher Kampf ruft beim Betrachter meist eher unangenehme Gefühle hervor.

Sie können es natürlich bewusst als Gestaltungselement einsetzen, dass die Schrift in der Farbe verschwindet und man sie erst auf den zweiten Blick entdeckt. Dieses Versteckt-Sein der geschriebenen Botschaft kann sehr reizvoll sein. Es entsteht nicht nur durch sehr feine Schriften, sondern auch durch das Übereinanderschreiben oder Ineinander-Verlaufen von Schrift.

Tipp

Einfache Faustregeln für **lesbare Schrift:**
dunkler Hintergrund – helle Schrift
heller Hintergrund – dunkle Schrift
unruhiger Hintergrund – dicke Schrift
ruhiger Hintergrund – dünne Schrift

Einfacher farbiger Untergrund

Neben der Gestaltung mit Balsaholz können Sie farbige Untergründe natürlich auch mit dem Pinsel erstellen. Für die Gestaltung mit dem Pinsel eignet sich die flüssige Ecoline-Farbe nicht, dafür nehmen Sie besser Acryl-, Aquarell- oder Temperafarben. Wobei die Wasserfestigkeit von Acryl vorteilhaft ist, wenn Sie später darauf schreiben wollen.

Wenn Sie einen Hintergrund bemalen wollen, geben Sie eine ausreichende Menge der ausgewählten Farben auf eine Palette oder einen alten Teller, dann streichen Sie Ihr Papier von beiden Seiten (damit es sich nicht einseitig verzieht) mit Wasser ein, sodass es die Farbe besser aufnehmen kann. Jetzt gehen Sie mit ganz regelmäßigen, schlichten Pinselstrichen über das Papier. Mit Hilfe eines Schwammes können deutlich zu sehende Striche verwischt werden.

Einen interessanten Effekt erzielen Sie, wenn Sie mit dem fast trockenen Pinsel in Ihr Blatt reingehen und die Farbe nach oben ziehen. So erhalten Sie Strukturen, die an Gräser und Büsche erinnern. Einen Eindruck davon können Sie bei dem Lutherspruch auf Seite 32 bekommen.

Natürlich gibt es noch einige andere Techniken, um mehr Bewegung in den Farbuntergrund zu bekommen. Leider würde es – wie so vieles andere auch – den Rahmen des Buches sprengen, wenn ich sie alle hier aufführen würde.

Schreiben auf farbigen Untergründen

In meiner Schreibtischschublade gibt es noch viele farbig gestaltete Untergründe, die darauf warten, dass ich etwas auf sie schreibe. So wird es Ihnen wahrscheinlich auch bald gehen – manchmal müssen unsere Blätter eben auf den richtigen Spruch, den richtigen Text oder Anlass warten.
Wenn das Papier nicht mit Acrylfarbe bemalt ist, sondern mit Tinte und Balsaholz, sprühe ich es vorher mit Fixativ oder zur Sicherheit auch manchmal direkt mit Klarlack ein, damit Tinte oder Acrylfarbe beim Schreiben darauf nicht auslaufen können.
Ein farbig bemaltes Holz oder Gartensteine sollten Sie zum Schutz mit farblosem Lack einsprühen. Steine werden nur mit Acrylfarbe bemalt und beschrieben, damit sie wasser- und wischfest sind.

Bevor Sie anfangen zu schreiben, machen Sie bitte einen Entwurf, damit Sie wissen, wie und ob der gewählte Zeilenabstand wirkt, ob das Schreibwerkzeug und die gewählte Stärke richtig sind und ob Sie auch wirklich gerade schreiben. Und natürlich sehen Sie dann auch, ob die Gesamtwirkung so ist, wie Sie es sich vorgestellt haben. Es wäre zu schade, wenn ein schöner Untergrund unbrauchbar wird, weil Ihnen das spontan Geschriebene hinterher nicht gefällt.
Falls Sie auf Papier schreiben, können Sie den Entwurf darunter legen und entweder am Fenster, vor Licht oder auf Ihrem Leuchttisch überprüfen, ob es zur farbigen Gestaltung passt oder ob Sie eventuell noch ein paar Details ändern müssen.

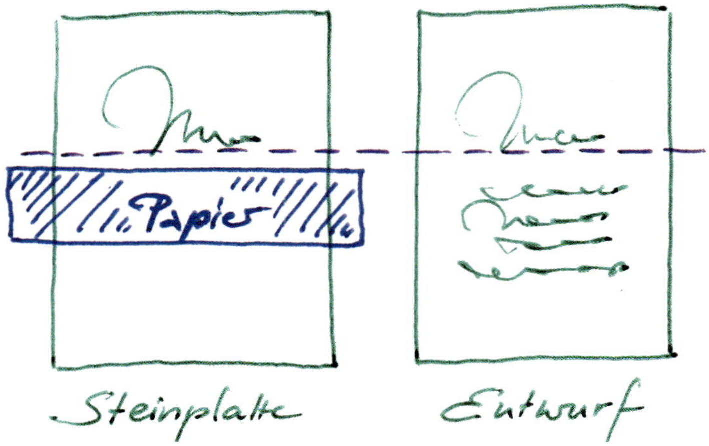

Tipp

Wenn ich auf Stein oder Holz schreibe und es zu aufwendig, störend oder unmöglich ist, Linien zu ziehen, dann lege ich meinen Entwurf dicht neben mein Objekt und falte mir ein Stück Papier in der Länge. Das lege ich auf den Stein in optischer Verlängerung zu der Linie meiner Zeilen auf dem Entwurf. Allerdings schiebe ich es etwas tiefer, da ich Platz haben will, um meine Unterlängen zu schreiben. Dann übertrage ich meinen Entwurf Zeile für Zeile auf das Objekt. Das funktioniert sehr gut!

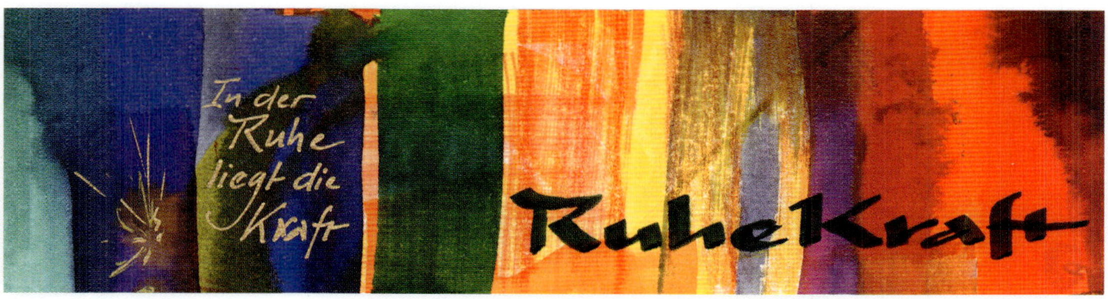

Bei den beiden Beispielen mit dem Namen **Aurelia** sehen Sie die unterschiedliche Wirkung von Schrift allein und Schrift auf farbigen Untergrund. Ich will nicht sagen, dass das eine schöner oder besser ist als das andere – es geht darum, sich die Wirkung bewusst zu machen.
Schrift alleine auf einem weißen Blatt wirkt als grafisches Element, was sehr spannend sein kann. Auf dem – durch das Balsaholz sehr lebendigen – farbigen Untergrund bekommt das Geschriebene eine zusätzliche Dimension.

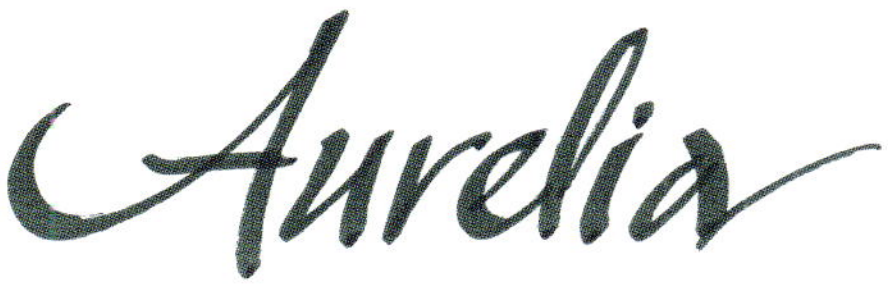

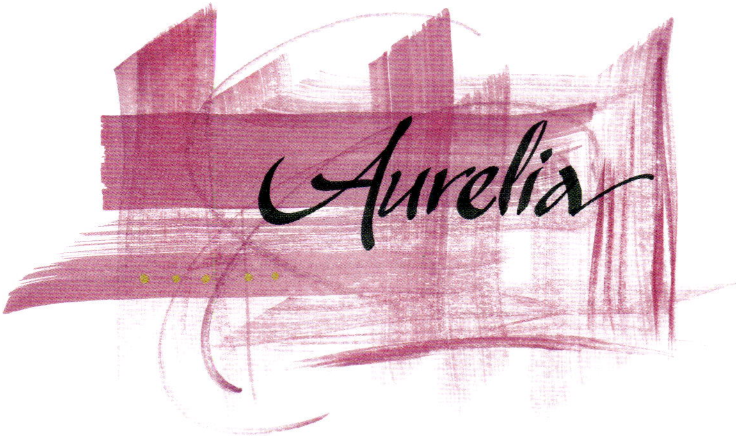

Das Beispiel mit dem **Glückwunsch** zeigt eine andere Variante: Hier habe ich die Buchstaben nach links und rechts tanzen lassen und sie fast ohne Zeilenabstand geschrieben. Man sieht ganz schön die unterschiedliche Wirkung der Schrift auf dunklem oder hellem (Balsa-)Untergrund und die Spannung, die durch die Verschiedenheit entsteht.

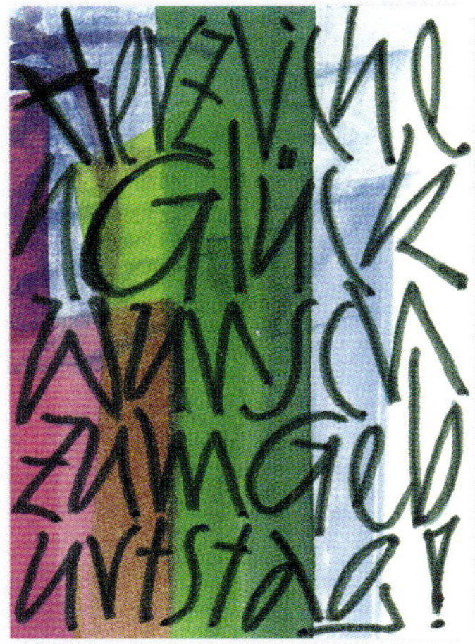

Ein wunderschönes Beispiel ist das **Geschenk** „meiner" Frauen aus der fortlaufenden Kalligraphie-Jahresgruppe zu meinem 50. Geburtstag. Da ich so gerne im Kreis schreibe, hat jede von ihnen ein kleines Rundbild gestaltet, in ihrem eigenen Farb- und Schreib-Stil, danach wurden diese Bildchen als stilisierte Blumen auf einen „Wiesenuntergrund" geklebt. Es macht immer wieder große Freude, dieses Bild anzuschauen!

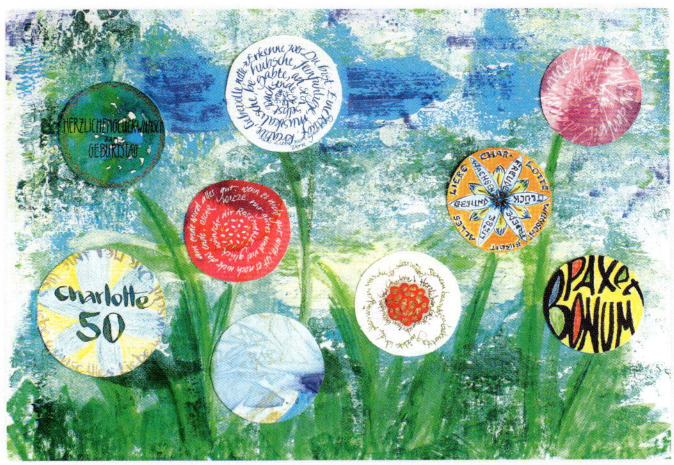

Farbige Ornamente ergänzen das Geschriebene

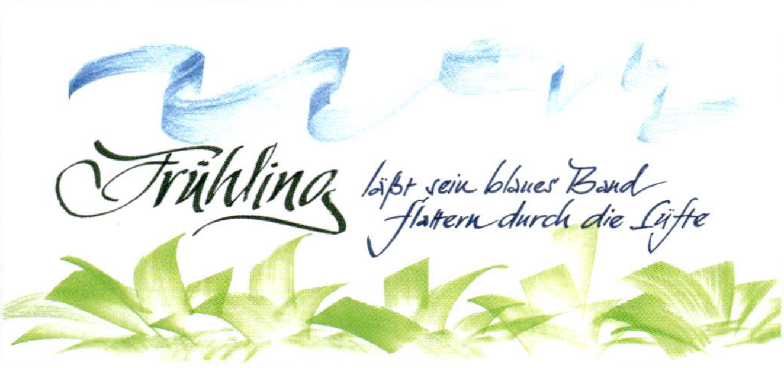

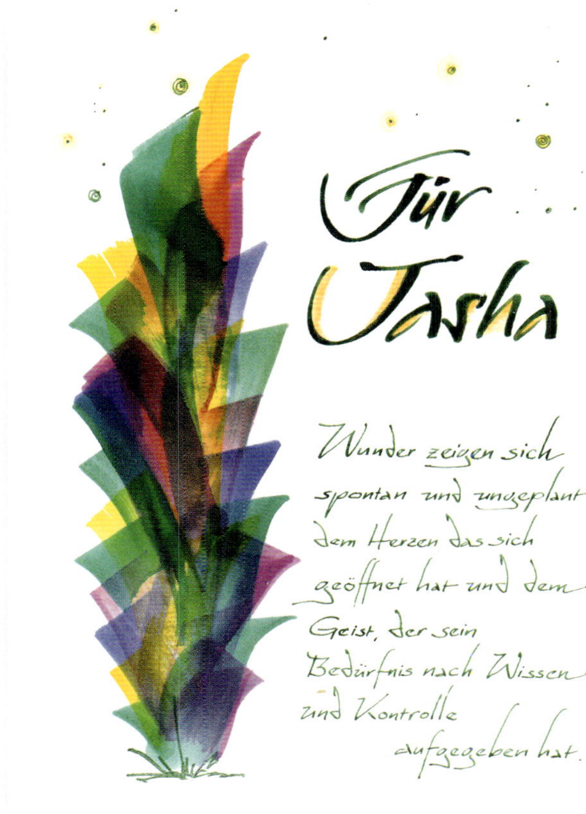

Hier können Sie nun Formen anwenden, die Sie sich im vorherigen Kapitel angeschaut oder schon ausprobiert haben. Auf Glückwunschkarten, zu einem Zitat, einem Gedicht, auf Einladungskarten, Tischkarten etc. sieht es sehr ansprechend und lebendig aus, wenn Sie das schön Geschriebene mit einem farbigen Ornament aufwerten. Dabei können sich die Farben z. B. einer Tischgestaltung, der Verpackung eines Geschenkes, den Lieblingsfarben eines Beschenkten oder dem Inhalt des Geschriebenen anpassen.

Wenn Sie beispielsweise das Gedicht **„Frühling“** von Mörike schreiben wollten, dann kann ein zart flatterndes blaues Balsaholzband über grünen Gräsern die Botschaft des Gedichtes oder auch nur dieses einen Satzes verstärken. Dieser Entwurf ist mit Filzstift Stärke 3,5 und 2 geschrieben.

Ein weiteres Beispiel für die Gestaltung mit Ornament ist der Wunder-Spruch auf der Karte **„Für Tasha“**, wo man das farbige Ornament daneben als Farben-Wunder bezeichnen könnte.

Natürlich können Sie auch direkt auf ein Ornament schreiben, wie z. B. auf dem Aufsteller mit dem Liebe-Spruch auf Seite 66.

In meiner Kartenkollektion nehmen Trauer- und Trostkarten einen großen Raum ein, weil mir die üblichen Trauerkarten meist viel zu unpersönlich, zu steif und zu distanziert sind. Bei meinen eigenen Entwürfen verwende ich statt des üblichen Schwarz oder Grau ebenfalls Farben, weil ich persönlich es tröstlicher finde, den Tod als zum Leben gehörig und als Eintritt in eine andere Dimension aufzufassen. Hier sehen Sie ein Beispiel für eine solche Karte mit einem Spruch von Augustinus. Das Ornament ist mit einer Bandzugfeder in Stärke 0,7 gezeichnet, die farblichen Ergänzungen habe ich mit Buntstift ausgemalt. Der Autorenname steht sehr klein mit Bleistift im unteren Ornamentbogen.

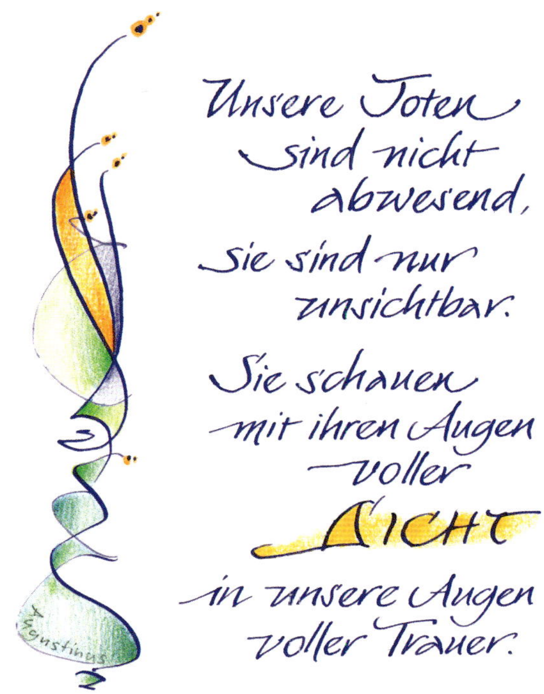

Tipp zum Schreiben von Original-Karten

Über ein selbstgeschriebenes Original freuen sich viele Menschen sehr. Doch um es ehrlich zu sagen: Nicht jeder weiß das Unikat zu schätzen, das er da bekommt. Wenn Sie sich nicht sicher sind, ob der Empfänger Ihre Arbeit wertschätzt, dann können Sie auch zu der Möglichkeit greifen, eine besonders gut gelungene Karte zu kopieren und mehrmals zu verschicken. Das hat noch einen anderen Vorteil: Der Drucker verändert Farben und Kontraste und gibt dem Original manchmal ungeahnte Tiefe oder Farbigkeit.

Farbige Ausschnitte als Zusatzelement

Jetzt können Sie Ihre gesammelten farbigen Ausschnitte aus der Schublade oder einem Karton holen! Oder natürlich erst einmal ein Blatt gestalten, aus dem Sie mit dem beweglichen Rahmen oder einem ausgestanzten Motiv ein Bild heraussuchen. Mit einem Ausschnitt in gegenständlicher oder geometrischer Form beleben Sie eine Karte oder ein Bild nicht nur, es bekommt gleichzeitig auch einen künstlerischen oder edlen Anstrich.

Wichtig ist, dass die begleitende Schrift in passendem Abstand zu dem Bild und zum Rand sitzt, dass sie von ihrer Größe und Dicke her nicht in Konkurrenz zu dem Bild tritt und dass sie farblich und vom Schwärzungsgrad her nicht aus dem Rahmen fällt – es gelten die Regeln aus dem Kapitel „Einfache Gestaltungsregeln mit großer Wirkung".

Hier sehen Sie zwei Beispiele für die Wirkung einer solchen Gestaltung: eine **Weihnachtskarte**, bei der ich den ausgeschnittenen Weihnachtsbaum auf einen anderen Balsauntergrund geklebt habe – funktioniert natürlich auch prima nur mit Baum – und eine **Schmetterlings-Karte** zu allen möglichen Arten des Neubeginns.

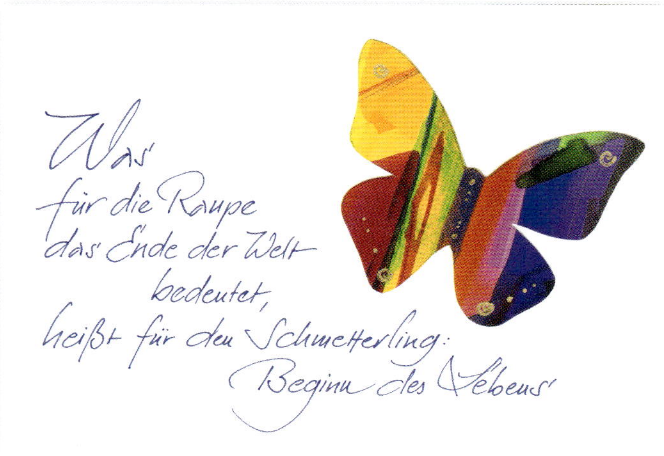

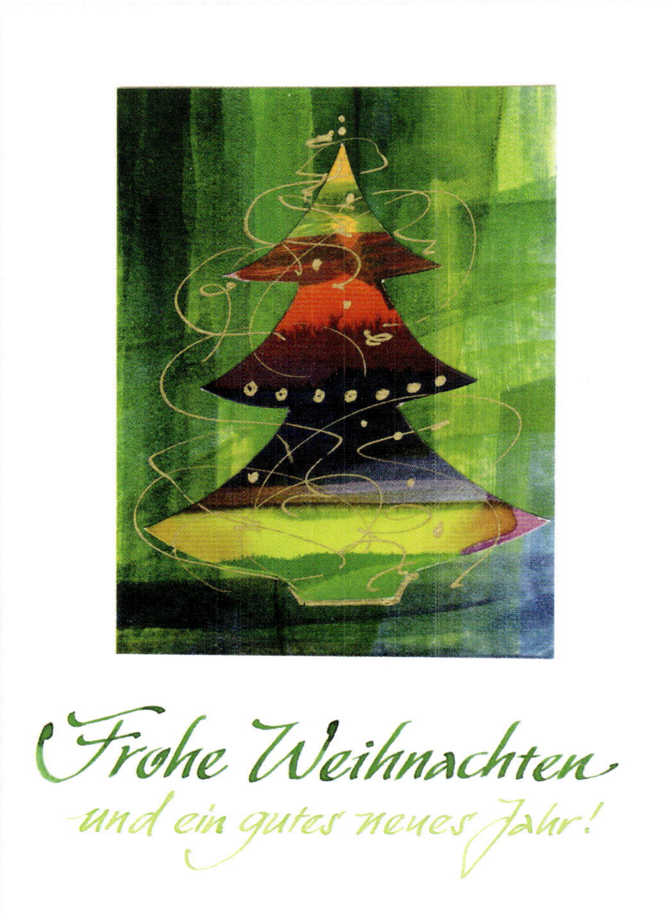

Ausfüllen von Buchstaben und Zwischenräumen

Auch die Gestaltungsvariante bei der Buchstaben und Zwischenräume ausgefüllt werden bietet der Kreativität viele Möglichkeiten zur Freude am Spielen und Probieren.

Die erste Möglichkeit besteht im Ausfüllen der Zwischenräume von Buchstaben, Wörtern und Sätzen (1). Am einfachsten nimmt man dazu ganz normale Buntstifte, mit denen man sehr schön schraffieren kann, auch in unterschiedlicher Stärke, sodass der gestaltete Raum noch lebendiger wird. Wenn Sie Aquarell-Buntstifte nehmen, haben Sie noch die zusätzliche Option, die Farbe mit Wasser leicht zu verwischen.

Die zweite Möglichkeit besteht darin, die einzelnen Buchstaben farbig auszufüllen und/oder schattieren (2). Das dürfen innerhalb eines Textes auch nur die Großbuchstaben oder nur bestimmte Buchstaben wie z. B. alle m, n und u sein.

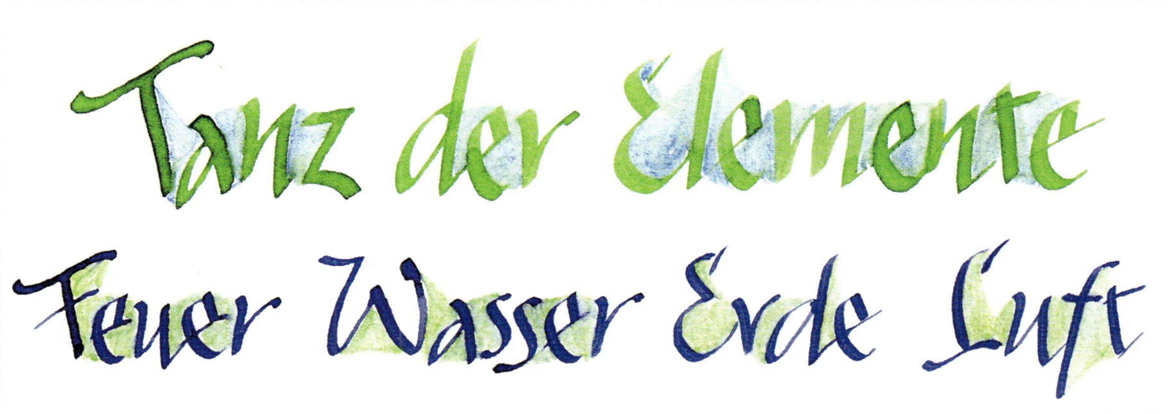

(1)

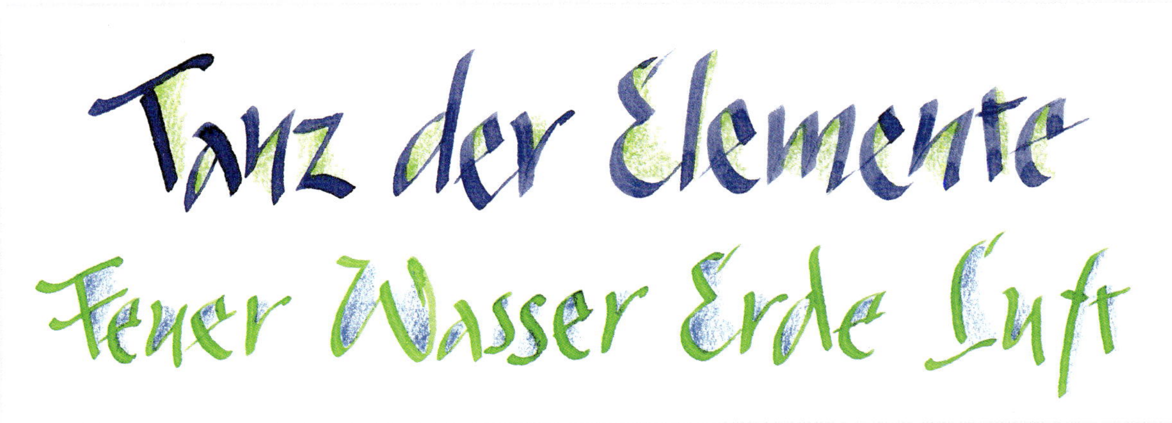

(2)

Wenn Sie ein einzelnes Wort wie z. B. einen Namen farbig gestalten, dann haben Sie sogar direkt eine erste Geschenkidee! Dieses Namensschild habe ich zur Geburt einer kleinen **Rebecca** gestaltet. Um den Namen herum habe ich kleine Kreise mit „Rebecca" geschrieben und die dann mit Wasser und einem Pinsel auseinandergezogen, sodass die Blüten entstanden sind.

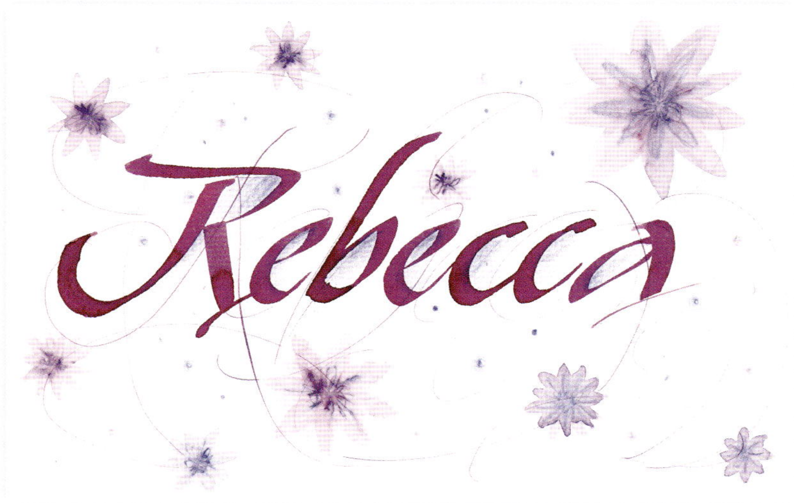

Eine weitere Variante sehen Sie bei dem Wort **„Kalligraphie"**. In dieser Form habe ich es vor vielen Jahren für meine Visitenkarte benutzt. Den Schriftzug habe ich mit einer breiten Feder geschrieben und mit einer dünnen Feder nochmals „Kalligraphie" drübergeschrieben. Ich fand die Schrift sehr gelungen, das Ganze in seiner Gesamtwirkung war mir aber irgendwie zu „trocken". Richtig gefallen hat es mir dann, nachdem ich den Schriftzug kopiert hatte und mit Balsaholz und Farbe über diese Kopie gegangen bin.

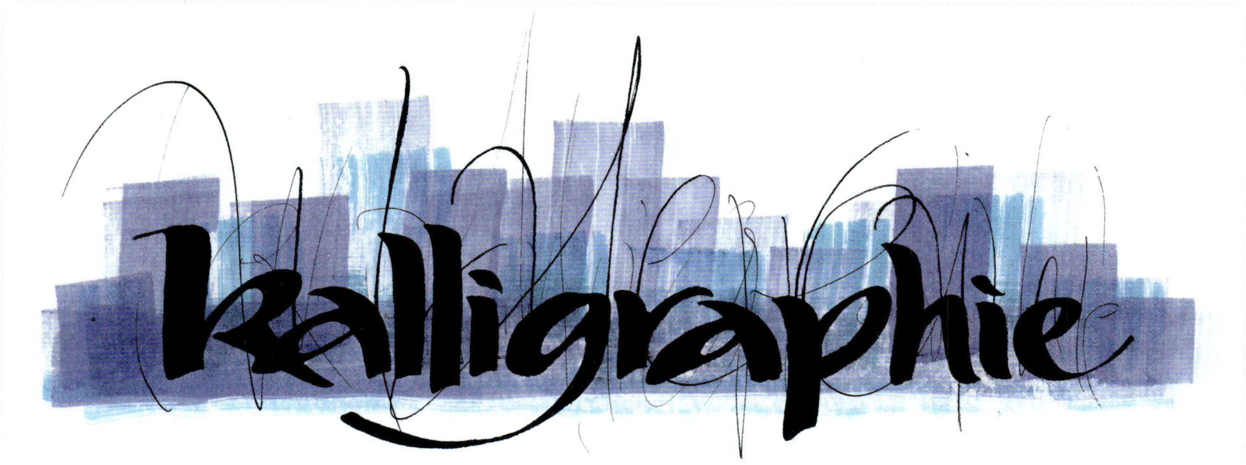

An dieser Stelle möchte ich noch einmal betonen, wie wichtig ich es finde, das aus Erziehung, Alltag und Beruf so bekannte Muster der Perfektion loszulassen und zu einer kindlichen Neugier, Freiheit und Unbekümmertheit zu finden. Wer jetzt seufzt und sagt: Ich bin aber nicht kreativ und ich spiele nicht gerne, der (oder wahrscheinlich eher diejenige) findet hier einen Tipp, wie man den Zugang zu diesen schlafenden oder versteckten Fähigkeiten finden kann.

Tipp zur Entwicklung der Freude am Spiel

Suchen Sie sich einen Ausschnitt, der Ihnen gefällt, z. B. ein hochkantiges Rechteck von 15 cm x 18 cm oder ein Quadrat von 15 cm x 15 cm. Zeichnen Sie es mittig auf ein A4-Blatt ein und schneiden Sie es heraus, sodass ein Rahmen als Schablone übrigbleibt.

Diesen legen Sie auf weitere A4-Blätter und zeichnen ihn entlang der Schnittkante ab, sodass auf jedem Blatt an der gleichen Stelle ihr Rechteck oder Quadrat erscheint.

Dann wählen Sie einen kurzen Text, den Sie möglichst auswendig können und schreiben ihn mit Ihrer normalen Handschrift in die Form auf dem ersten Blatt. Dabei darf die ganze Form gefüllt werden. Wenn der Spruch zu Ende, die Form aber noch nicht voll ist, dann schreiben Sie einfach weiter. Es geht erst einmal nicht um Gestaltung, sondern um unbekümmertes Schreiben – ums Tun, nicht ums Denken.

Machen Sie dann auf den nächsten Blättern weiter – solange Sie Spaß daran haben. Mit unterschiedlichen Werkzeugen und Schriften, mit unterschiedlichen Zeilenabständen – die dürfen auch ganz wegfallen, sodass Sie ein ganz verbundenes Gewebe bekommen. Sie können Kontraste reinbringen, Farbe, den Untergrund gestalten, einzelne Buchstaben hervorheben, übereinander schreiben, die Richtungen ändern und vieles mehr ...

Sie werden merken, dass während des Schreibens immer leichter neue Ideen für eine kleine oder große Veränderung entstehen. Der feste Rahmen und der gleichbleibende Text verhelfen dazu, das Gehirn „abzuschalten" und an die Quelle der Kreativität zu kommen.

Ich habe die Erfahrung selbst gemacht, als ich vor vielen Jahren an einem Seminar bei meiner wunderbaren Schweizer Kollegin Denise Lach teilgenommen habe, wo sie diese Rahmenbedingungen aufgestellt hatte. Ich habe einfach nur noch produziert und zum ersten Mal ganz deutlich meinen Weg vor mir gesehen, der mich weg von der Perfektion hin zu Lebendigkeit und Leichtigkeit geführt hat.

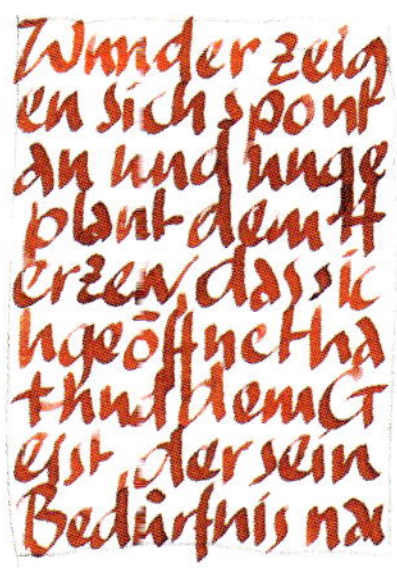
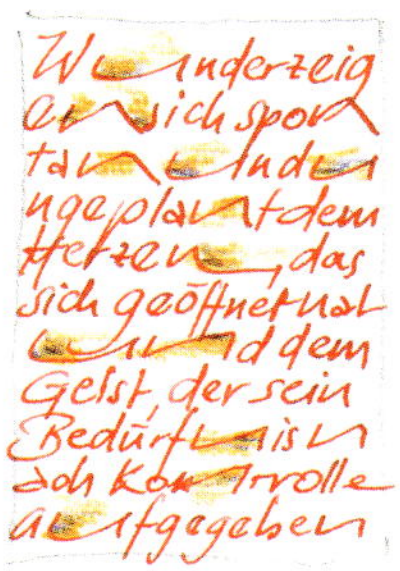
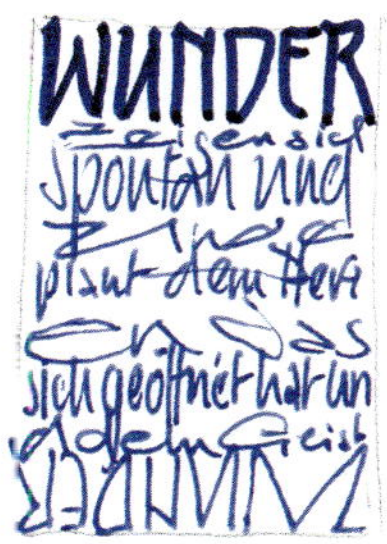

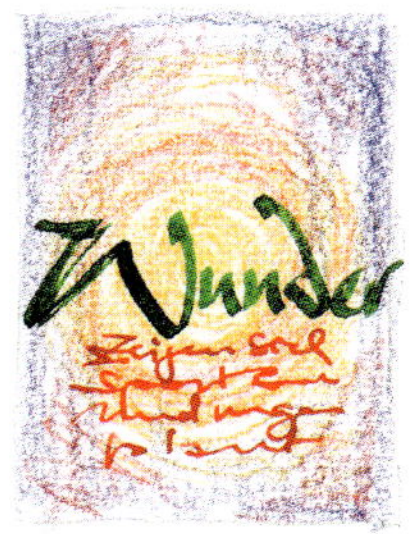

Geschenkideen

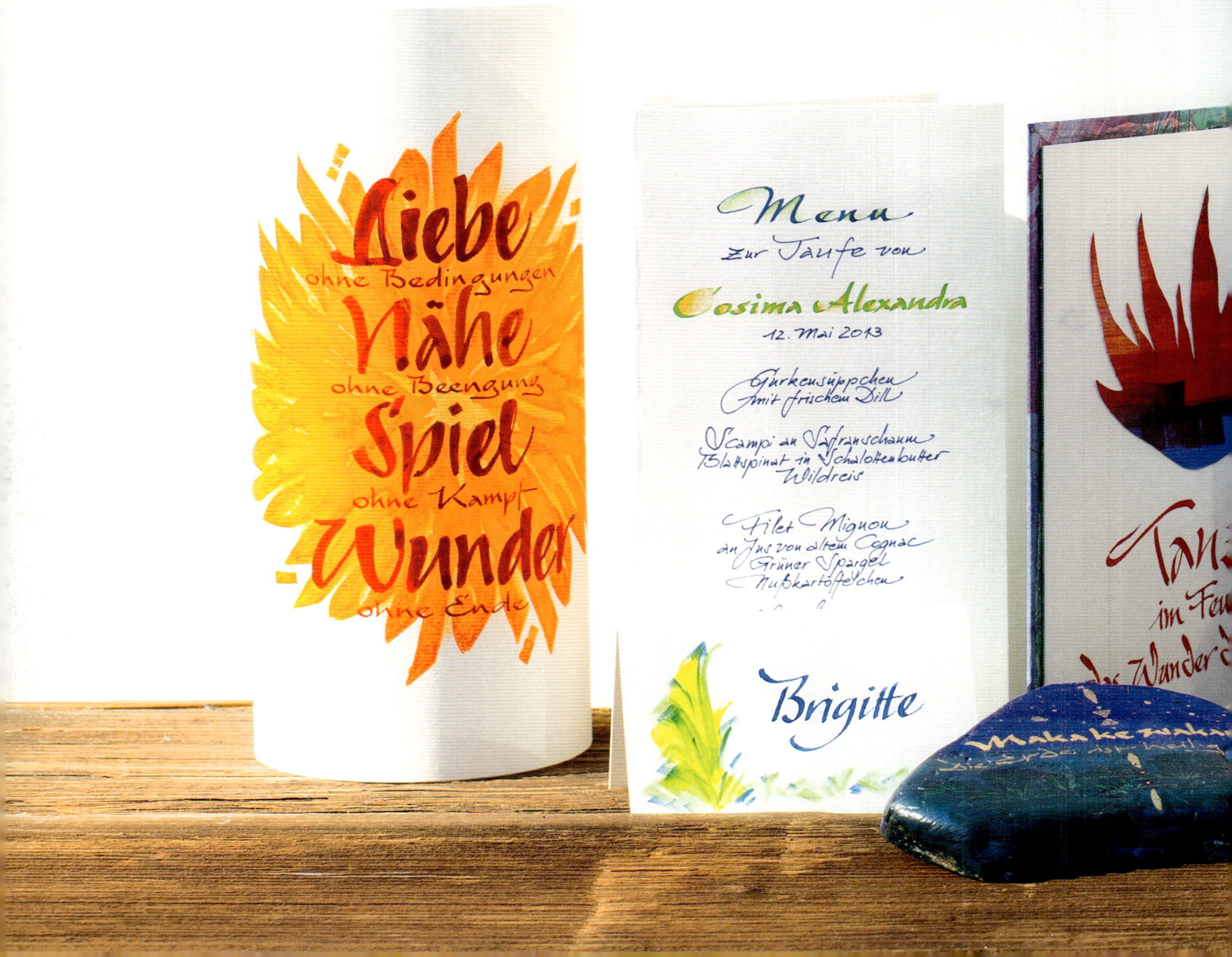

In dem folgenden Kapitel finden Sie 12 Ideen, wie Sie Ihre bemalten, beschriebenen und kreativ gestalteten Werke anwenden können, um entweder sich selbst oder Ihren Liebsten eine langlebige Freude zu machen.

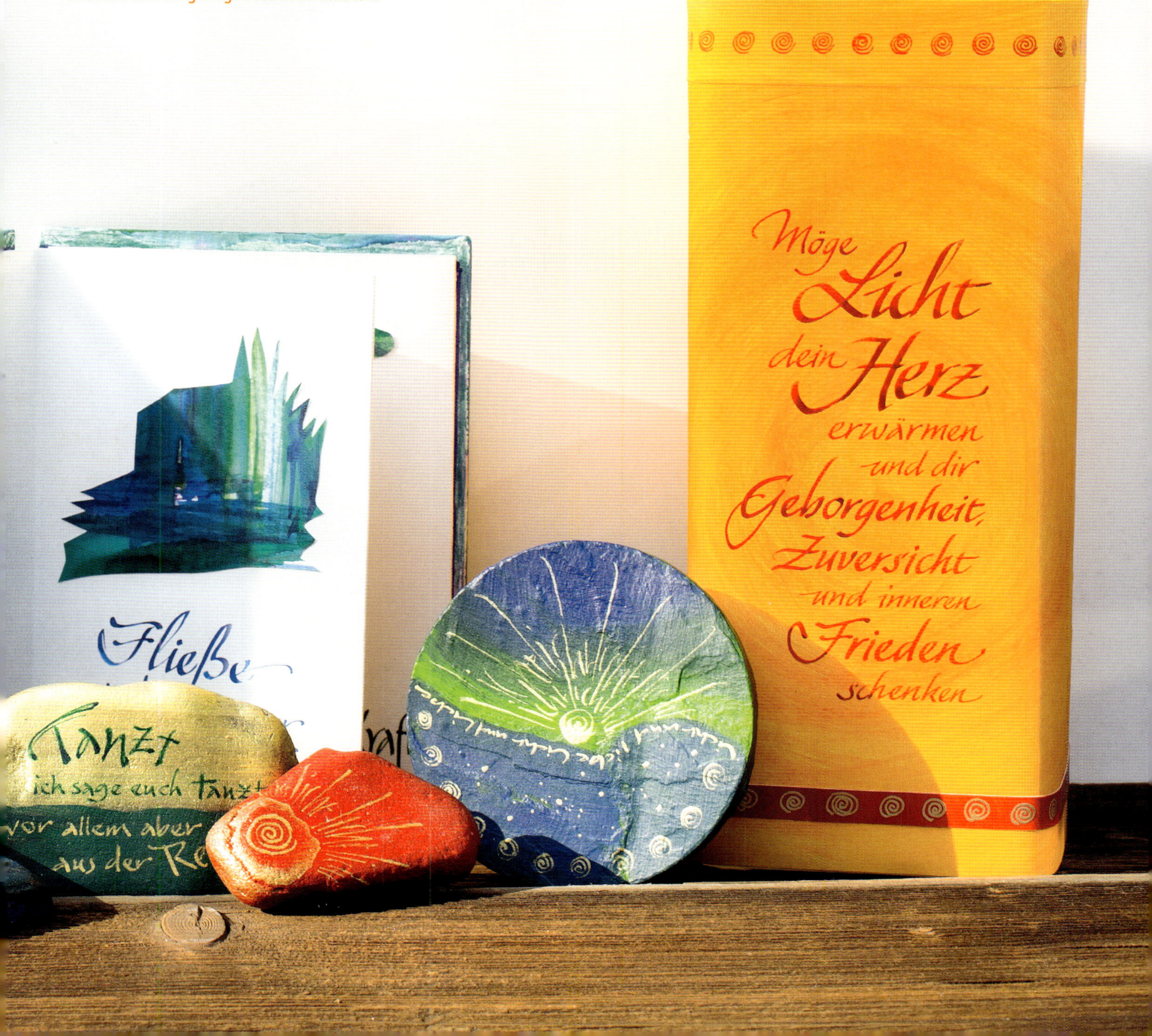

Lesezeichen

MATERIAL

* starkes Skizzenpapier
* Balsablätter oder anders farbig gestaltetes Papier
* Acrylfarbe
* Tinte
* Goldstift
* Bandzugfeder oder Tintenroller, dünn
* Balsaholz

Dem Buch und damit auch der Notwendigkeit für Lesezeichen wird ja oft eine düstere Zukunft prophezeit, doch ich selbst als begeisterte Leserin mag daran nicht glauben. Und eine echte Leseratte wird nie genug Lesezeichen haben können, vor allem dann nicht, wenn sie individuell und liebevoll gestaltet sind, z. B. mit dem eigenen Namen oder einem schönen Spruch darauf. Falls Sie ein Laminiergerät haben, können Sie das Lesezeichen so auch noch zusätzlich schützen.

Für die Gestaltung von Lesezeichen gibt es viele Möglichkeiten.
Ich kann mit Balsaholz ein geschwungenes Element in mehreren Farben übereinandersetzen und dann entweder mit einer Farbe oder mit einem metallfarbenen Schüttelstift ein Ornament oder auch geometrische Elemente darübermalen. Je nach Geschmack kann ich das ornamentale Gebilde alleine stehen lassen oder auch den Namen des Beschenkten darunter schreiben, wie Sie es bei den Lesezeichen für **Birgit** und **Saskia** sehen können.
Sie können auch ein schönes Geschenkpapier nehmen, ein Stück aus einer Fotokopie ausschneiden oder ein Foto ausdrucken, das Ganze zurechtschneiden und dann einen kleinen Spruch draufschreiben – denken Sie dabei ans Vorschreiben! Da das Papier in den genannten Fällen meist recht dünn ist, empfiehlt sich vorher eine Behandlung mit Fixierspray und hinterher eine Laminierung – die gibt es auch im Kopierladen.

Wer viel mit dem Balsaholz rumspielt und rumprobiert, hat mit der Zeit – wie ich auch – zahlreiche farbige Blätter, aus denen man wunderbar Lesezeichen rausschneiden kann. Sollten es dunkle, kräftige Farben sein, kann man mit Weiß oder Gold darauf schreiben, auf helle Farben mit dunklerer Tinte. Denken Sie bitte daran, darauf zu achten, dass die Schrift stärker ist als die Farbe!
Bei dem **bunten Lesezeichen** auf dem Foto habe ich mit dunkelgrüner Tinte den Spruch geschrieben und ihn mit Goldstift schattiert. Die Lesbarkeit ist durch die kräftigen Farben hart an der von mir selbst empfohlenen Grenze!

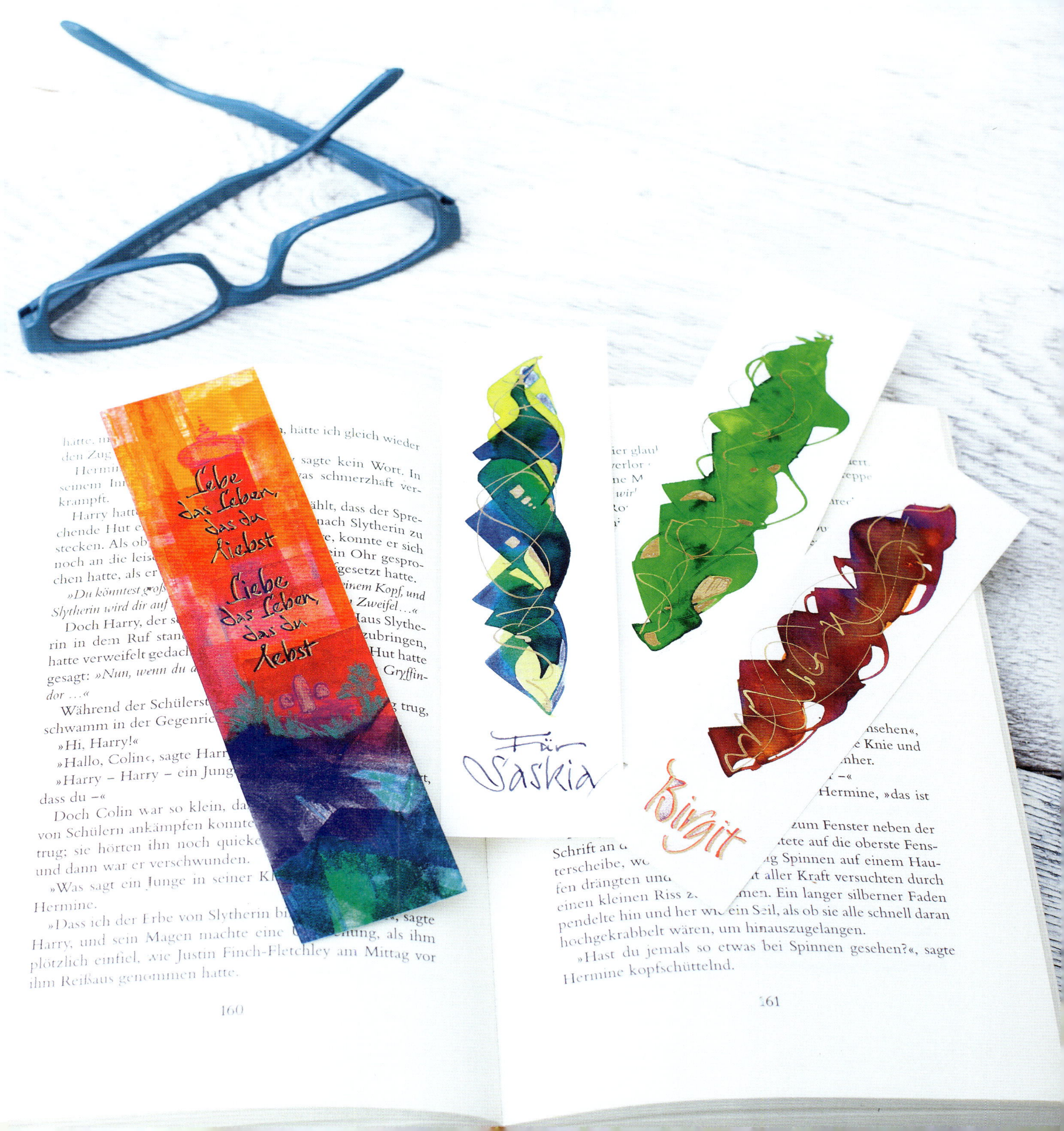
Lebe das Leben, das du liebst
Liebe das Leben, das du lebst
Für Saskia
Birgit

Geschenkanhänger

MATERIAL

* starkes Skizzenpapier, farbiger Fotokarton oder farbig gestaltetes Papier
* Tinte
* Goldstift
* Tintenroller
* Bandzugfeder in den Stärken 1,5 und 0,7
* Balsaholz

Geschenkanhänger sind im Prinzip kleine Karten. Bei dem blauen Kärtchen habe ich als Untergrund einen farbigen Fotokarton genommen. Das Loch für das Band habe ich mit einer spitzen Nagelschere reingestochen und vorsichtig erweitert. Ich habe einen kleinen Balsaholzausschnitt aufgeklebt und **„Für Anna-Lina"** mit einem dünnen Gold-Stift geschrieben.

„Viel Glück" ist mit Bandzugfeder in Stärke 1,5 auf weißem Karton geschrieben, das Ornament ist aus Balsaholzstrichen zusammengesetzt. Die Farben sind Hellgrün, Rot, Fliederblau, Sonnengelb und Sienabraun mit der Nr. 411, das ich bei den Farben auf Seite 14 noch nicht erwähnt hatte.

„Gute Besserung" ist mit Grün und Bandzugfeder in Stärke 0,7 geschrieben, daneben ist ein Balsa-Ausschnitt, auf den ich mit einem Tintenroller Namen und Ornamente geschrieben habe.

Der Untergrund für **„David und Simon"** ist aus einem Blatt, auf das ich mit groben, geschwungenen Pinselstrichen Farbe aufgetragen habe, der etwas angerührter Tapetenkleister beigemischt war. Dadurch wird die Farbe durchsichtiger und bekommt diesen interessanten Effekt. Geschrieben wurde mit der Bandzugfeder 1,5 in Grün und mit dem Tintenroller in Blau.

Für meine Karten, egal ob groß oder klein, habe ich, wie bei den Tipps im Kapitel „Einfache Gestaltungsregeln mit großer Wirkung" beschrieben (siehe Seite 32–41), Schablonen für verschiedene Formate – z. B. Postkarten oder Anhängerformate –, die ich auf das Papier lege, um mir die Kartengröße aufzuzeichnen.

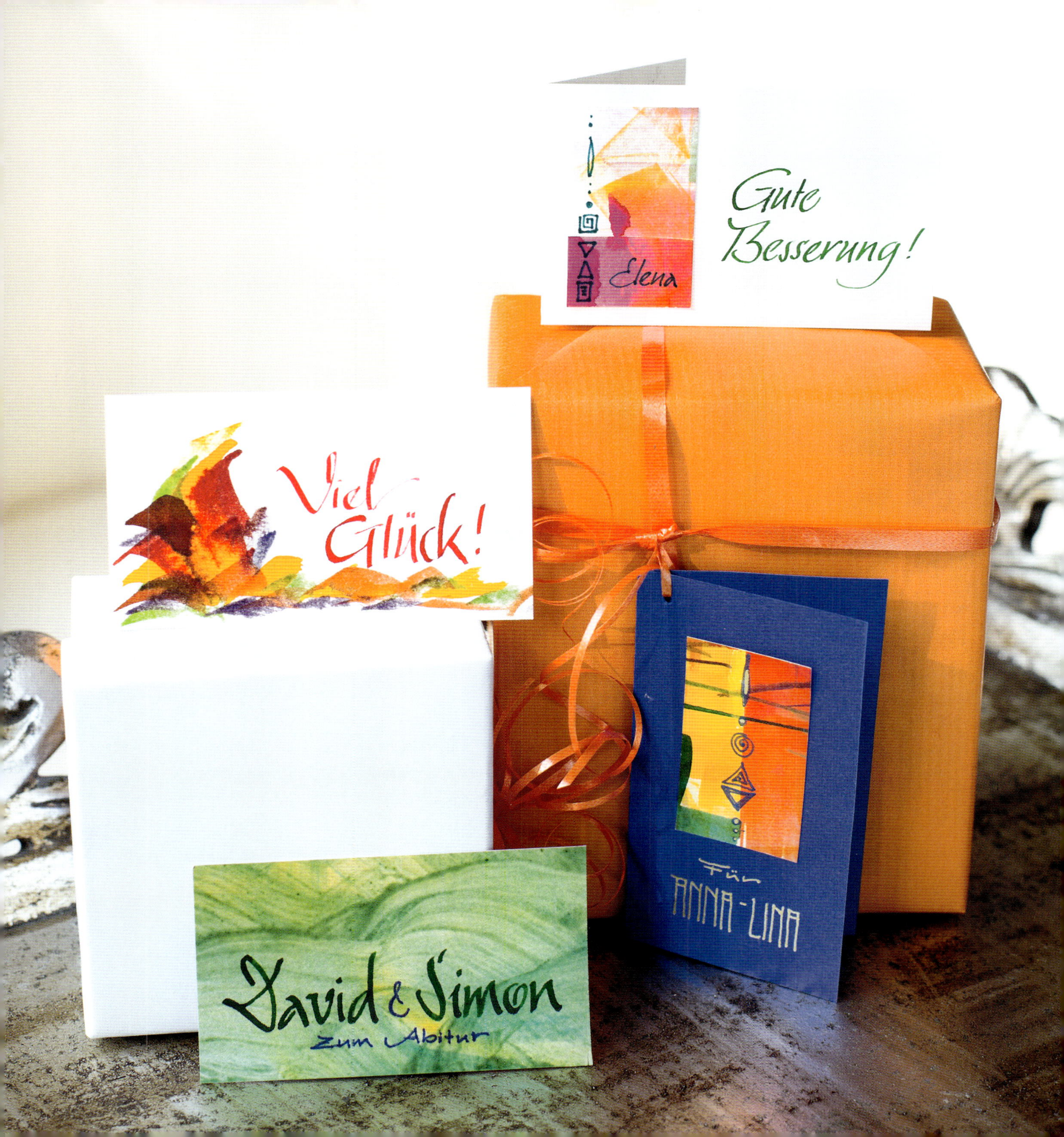
Elena
Gute Besserung!
Viel Glück!
Für ANNA-LINA
David & Simon
Zum Abitur

Menü- und Tischkarte

MATERIAL

* starkes Skizzenpapier
* Tinte
* Tintenroller in Blau
* Buntstift in Gelb
* Bandzugfeder in den Stärken 2 und 1,5

Anlässe und Familienfestlichkeiten, zu denen Sie etwas schreiben können, gibt es genug: Einladungen, Tischkarten, Menükarten, Danksagungen, Glückwünsche zu Geburt, Geburtstag, Taufe, Kommunion, Konfirmation, Hochzeit, Jahrestag, Goldene Hochzeit, Beendigung einer Ausbildung, zur Unterstützung, zur Aufmunterung, gute Besserung, Gutscheine. Und natürlich Trostkarten, wenn jemand verstorben ist.

Als Beispiel sehen Sie hier ein „Rundumpaket" für einen festlich gedeckten Tisch. Gehalten in den Farben Hellgrün, Sonnengelb und Blau. Eine Farbkombination, die leicht und frisch wirkt und gut in den Frühling passt, in diesem Fall zu einer Taufe. Die kleinen Blumen sind ebenfalls farblich abgestimmt – das Gleiche könnte man auch mit Servietten, Geschirr, Platztellern oder Tischsets versuchen. Die Tischkarte ist mit Bandzugfeder in Stärke 2 geschrieben, das Ornament ist mit Balsaholz gezeichnet. Ebenso wie das „Guten Appetit" auf dem Serviettenring aus festem Papier (hinten mit Kleber zusammengeklebt) sind das Wort „Menü" und der Name mit Bandzugfeder in Stärke 1,5 geschrieben.
„Cosima Alexandra" habe ich zusätzlich mit einem gelben Buntstift schraffiert. Die einzelnen Gänge sind in Blau mit Tintenroller fast in Handschrift geschrieben.

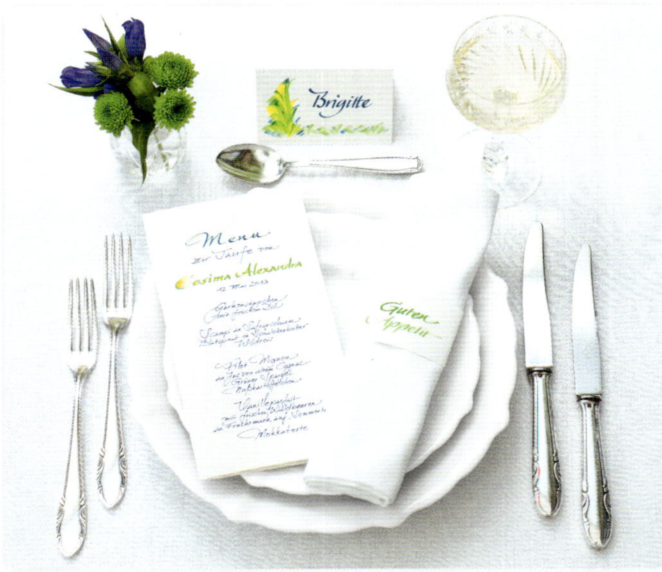

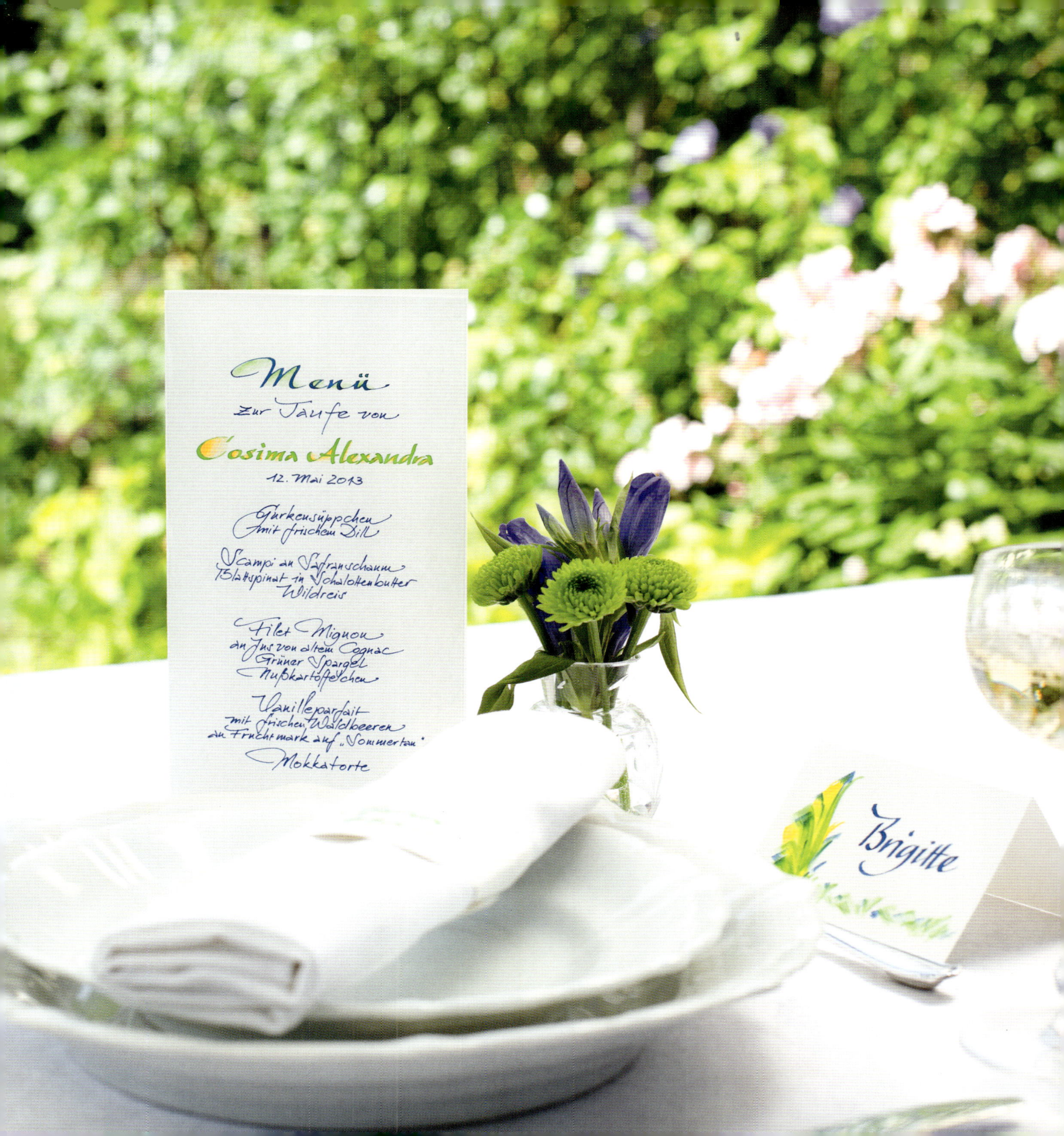
Menü
zur Taufe von
Cosima Alexandra
12. Mai 2013
Gurkensüppchen
mit frischem Dill
Scampi an Safranschaum
Blattspinat in Schalottenbutter
Wildreis
Filet Mignon
an Jus von altem Cognac
Grüner Spargel
Nußkartoffelchen
Vanilleparfait
mit frischen Waldbeeren
an Fruchtmark auf „Sommertau"
Mokkatorte
Brigitte

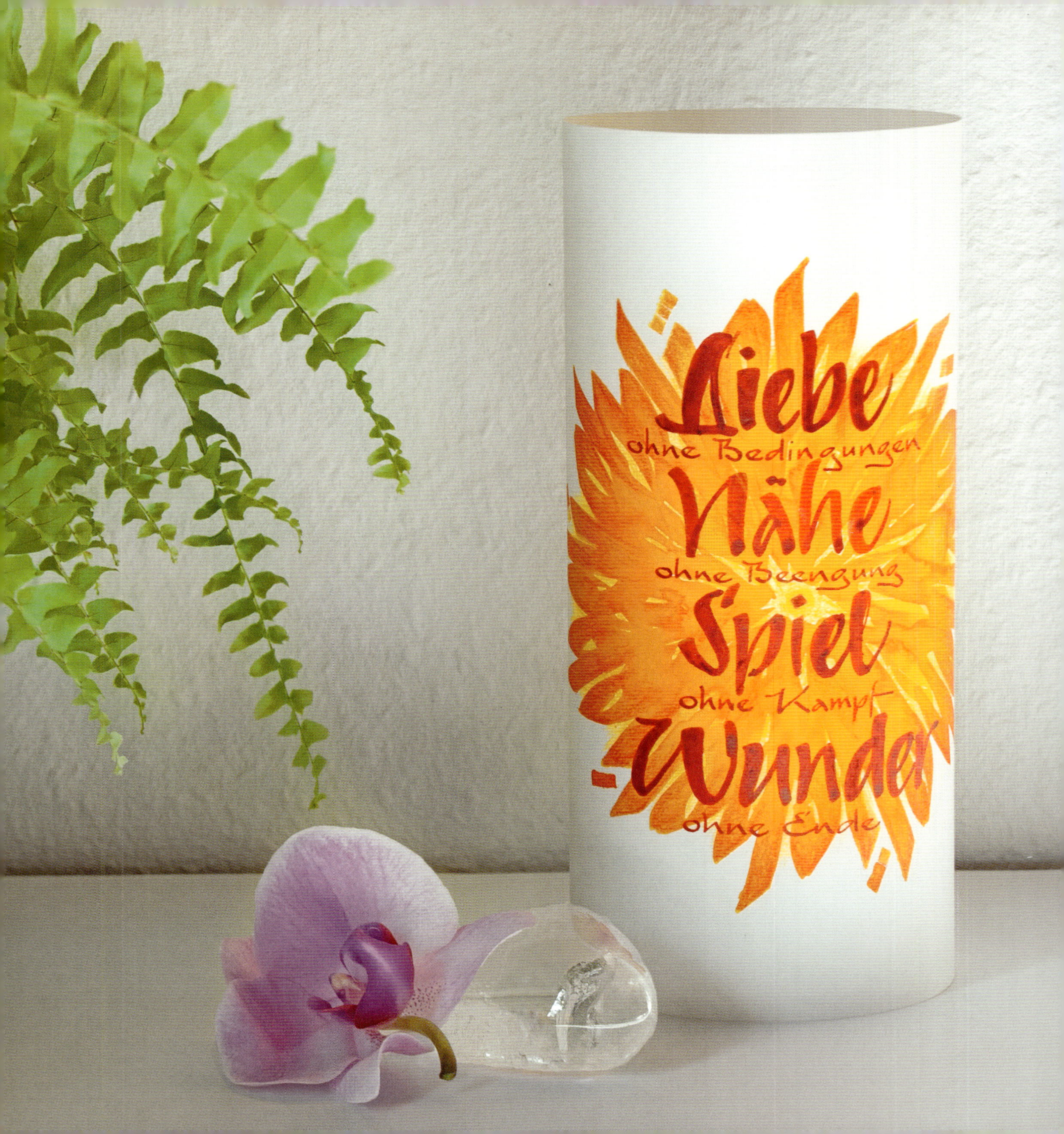
Liebe
ohne Bedingungen
Nähe
ohne Beengung
Spiel
ohne Kampf
Wunder
ohne Ende

Aufsteller oder Teelicht

MATERIAL

* starkes Skizzenpapier, DIN A4
* Tinte in Dunkelgelb
* Buntstifte in Gelb und Orange
* Faltfeder
* Bandzugfeder Stärke 0,7
* Fixativ
* Optional: flüssige Acrylfarbe in Rot

Für die Aufsteller können Sie ein DIN A4 oder A3-Blatt nehmen, das Sie vorher nach Ihren Wünschen mit einem farbigen Untergrund oder mit einem geschriebenen oder gemalten Ornament gestaltet haben. Abhängig von Entwurf oder Verwendungszweck legen Sie das Blatt im Quer- oder Hochformat vor sich hin und falten als erstes oben und unten einen etwa 1-3 cm großen Rand nach innen, um Ihrem Aufsteller später Stabilität zu geben. Sie können sich selbst Formen ausdenken, in denen Sie falten wollen, z. B. als Viereck, Dreieck oder Ring.

Der Aufsteller vom Foto links hat durch die Kreisform von allein eine so große Stabilität, dass ich ihn oben und unten gar nicht gefaltet habe. Nach dem Schreiben wird er hinten einfach überlappend mit Klebestift zusammengeklebt. Hier ist die Breite gleich der eines DIN A4-Blattes, auch hier ist die Höhe beliebig, d. h., Sie können auch einen ganz niedrigen Ring erstellen, sodass ein Teelicht noch mehr Licht nach oben abgeben kann.

In die Mitte des Papieres habe ich mit gelber Tinte und einer mittleren Plakatfeder (vier Einschnitte) das Wort „Liebe" im Kreis geschrieben, direkt darüber ohne Zeilenabstand noch zweimal, dadurch laufen die drei Zeilen ineinander. Den äußeren „Liebe"-Ring habe ich mit einem orangen Buntstift ein bisschen verstärkt, in der Mitte ist das Weiß durch einen gelben Buntstift abgetönt worden.

Dann habe ich das Blatt gut mit Fixativ eingesprüht und schließlich mit flüssiger Acrylfarbe in Rot und der Faltfeder die großen Wörter, mit einer Bandzugfeder in Stärke 0,7 die kleinen Wörter geschrieben. Falls Sie keine flüssige Acrylfarbe haben, können Sie auch mit Tinte schreiben, wenn Sie das Blatt dann wasserfest machen wollen, sollten Sie es nochmal einsprühen.

Bei dem einen Paravent ähnlichen Aufsteller **„Frieden"** können Sie je nach Wunsch auch ein Teelicht dahinter stellen. Dieses Blatt hat in der Mitte einen Einschnitt, Sie können auch zwei oder drei Einschnitte (Bänder) machen, um noch mehr Ebenen zu erhalten.

Der längliche Frieden-Aufsteller auf der gegenüber liegenden Seite ist sehr raffiniert gefaltet – einmal nach vorne, dann nach hinten usw. Der Einschnitt in der Mitte wird in die jeweils andere Richtung gefaltet. In der Skizze unten wird genau gezeigt, wie eingeschnitten und gefaltet weren muss.

Ich habe für die Breite ein Blatt in DIN A3 genommen, die Höhe ist je nach Geschmack variabel. Dann habe ich es in vier Teile gefaltet und diese nochmals unterteilt, sodass acht Teile entstehen. In der Skizze zeigen die gestrichelten Linien Faltungen an, die durchgezogenen Linien sind Einschnitte. Die Faltungen zeige ich auch auf der DVD, beim Drehen der Videos hatte ich selbst Schwierigkeiten damit gehabt. Horizontal in der Mitte des Papieres werden Einschnitte gemacht, die nicht ganz bis zum Rand eines Viertels gehen.

Im letzten Schritt schreiben Sie auf Ihr fertig vorgefaltetes Blatt. Beim Schreiben über die Falz hinweg, können Sie darauf achten, dass kein Buchstabe „unglücklich" auf dem Papierknick sitzt.

Die Höhe ist wieder variabel – es könnten auch zwei von diesen „Fensterreihen" werden. Ich falte sie dann nach innen, sodass später, wie Sie es bei dem Foto sehen können, die beschriebene Reihe in eine andere Richtung zeigt als der „Paravent".

Schließlich habe ich die mittlere Reihe mit dem Wort „Frieden" in verschiedenen Sprachen beschrieben.

Bemalt ist das Blatt mit Acrylfarbe in Orange (Pinsel und Schwamm), beschrieben habe ich es mit dunkelgrünem Filzstift in Stärke 3,5, die Ornamente sind mit einem goldenen Lack-Schüttelstift gezeichnet.

▶ Mehr zum **Aufsteller** im Video

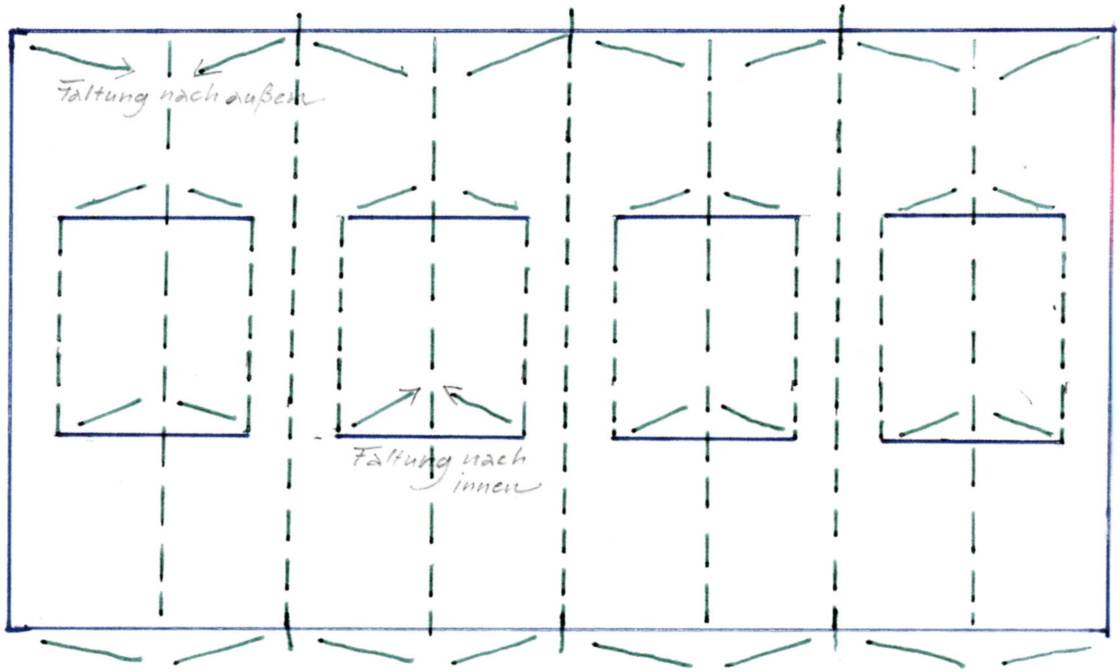

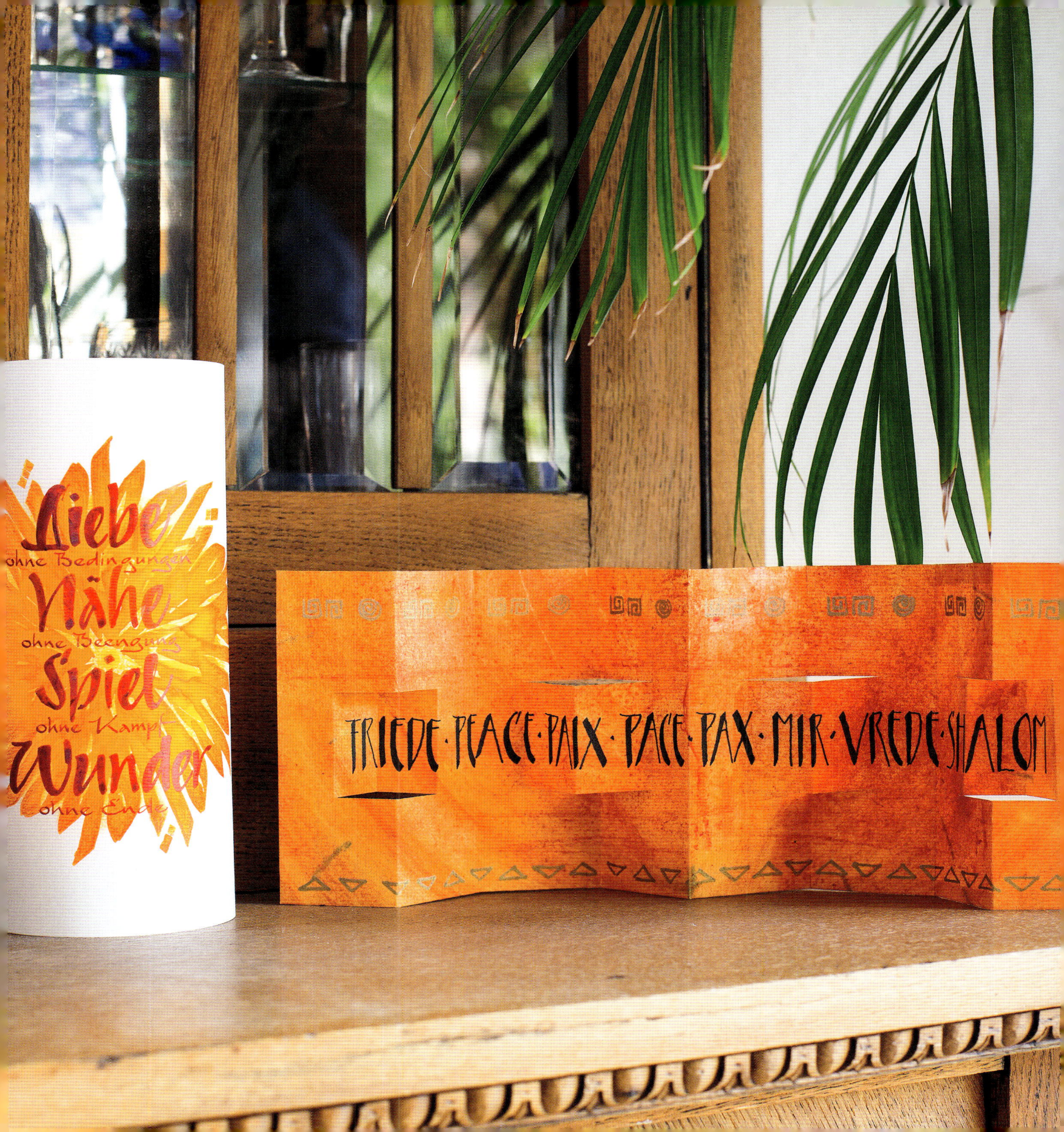
Liebe
ohne Bedingungen
Nähe
ohne Beengung
Spiel
ohne Kampf
Wunder
ohne Ende
FRIEDE · PEACE · PAIX · PACE · PAX · MIR · VREDE · SHALOM

Namensschilder

MATERIAL:

* starkes Skizzenpapier
* Buntstifte
* Balsahölzer
* Tintenroller
* Kalligraphie-Filzstifte
* Bandzugfedern
* Tinte
* Acrylfarbe in Blau, Silber und Grün

Die Möglichkeiten zum besonderen Schreiben eines Namens als Türschild oder Ähnliches sind zahlreich und jeder Mensch mit seiner eigenen Kreativität hat dazu andere Ideen.

Den Schriftzug **„Charlotte Kunz"** habe ich mit zusätzlichen Linien versehen und ausgemalt. Dazu habe ich einen äußeren Rahmen mit Buntstiften in Gelb und Orange herumgelegt und das Ganze ausgeschnitten. Schließlich habe ich es auf einen blau-türkisfarbig bemalten Untergrund geklebt.

„Martina" ist mit Dunkelgrün und Plakatfeder geschrieben. Danach habe ich ein größeres „Martina" mit Hellgrün und Balsaholz darübergeschrieben, wodurch der untere Name etwas verwischt wurde. Dann habe ich den Namen nochmals mit grünem Tintenroller darübergeschrieben und mit Buntstift schattiert. Ebenfalls mit Buntstift ist der Boden entstanden, auf dem mit Tintenroller nochmals Martina wiederholt geschrieben ist. Im letzten Schritt habe ich mit goldener Window Color Farbe den Namen in das Grün geschrieben und Sternchen aufgetupft. Dieses wilde Modell kommt sicherlich nicht für jeden Menschen infrage, doch es gilt das alte Sprichwort: „Auf jeden Topf passt ein Deckelchen" ...

„Sophia und Yannik" sind auch ein solch verspielter Spezialfall: Die einzelnen Buchstaben sind im Zieralphabet geschrieben und mit Buntstift schraffiert, die Großbuchstaben zusätzlich mit Ornamenten und Außenumrahmung versehen. Dann habe ich das Blatt auf einen in grünes Geschenkpapier umwickelten Karton geklebt und hinten mit Nylonschnur versehen, sodass man es aufhängen kann.

Das Schild mit dem Namen **„Anna Becker"** ist auf ein Stück Fichtenholz geschrieben. Bemalt ist es mit Acrylfarbe in Blau-Türkis-Tönen. Weil das Holz unbehandelt war, zieht die Farbe sehr schnell ein und ergibt einen lasierenden Effekt.

Geschrieben habe ich mit der Faltfeder und Acrylfarbe in Silber. Danach habe ich nochmal mit nicht-deckender blauer Farbe und viel Wasser über das Holz gestrichen, was der strahlenden silbernen Farbe etwas den harten Kontrast genommen hat und sie zu einem schillernden Hellblau mutieren ließ. Zum Schluss habe ich die silbernen Ornamente mit Schüttelstift draufgezeichnet. Aufgehängt ist das Holz am Spalier einer Hauswand.

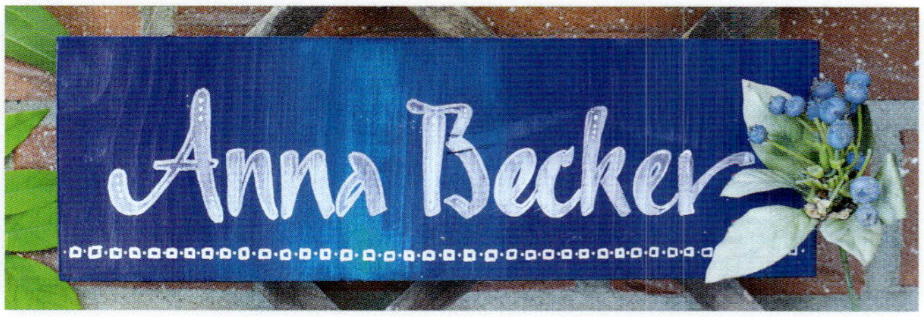

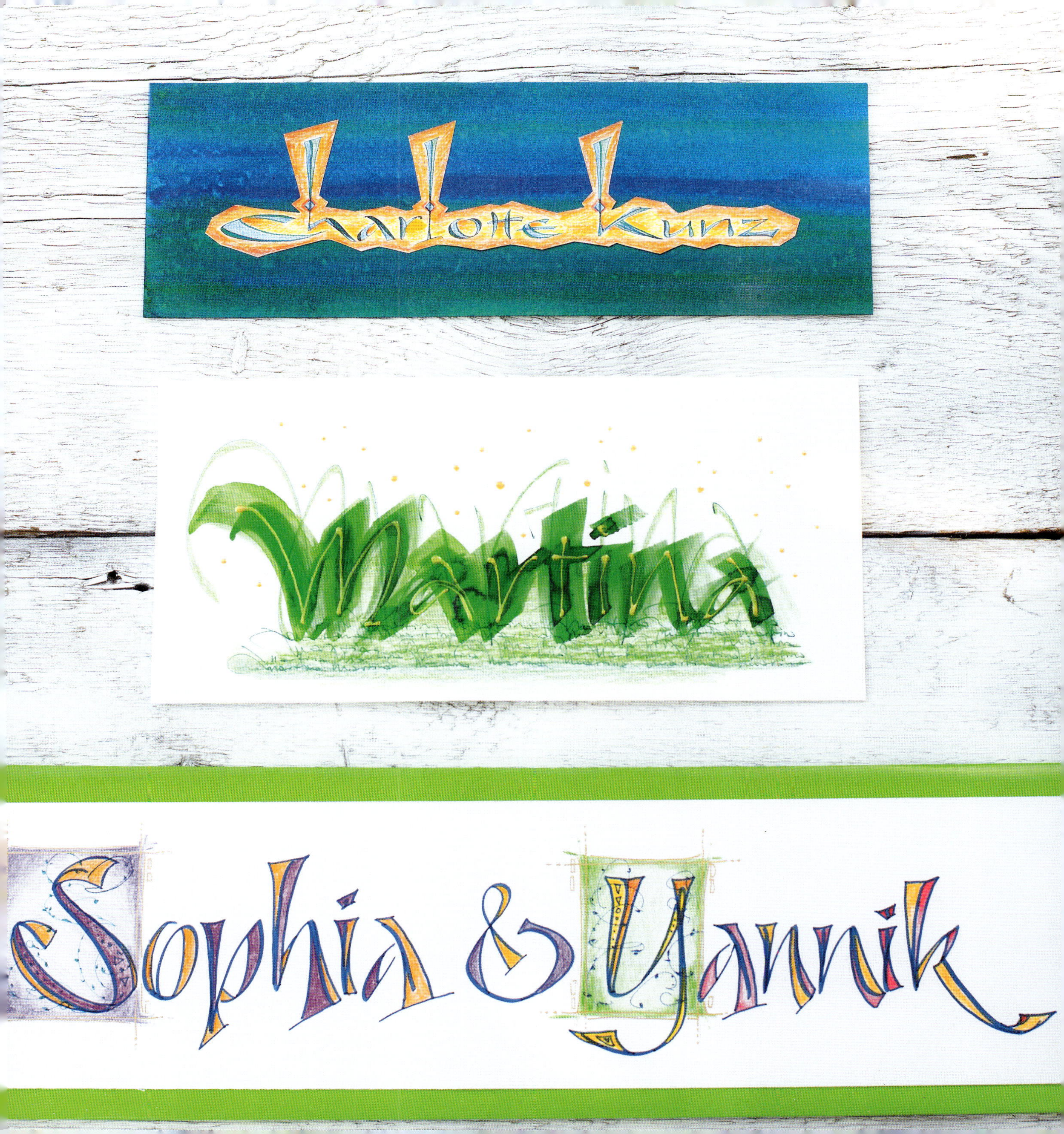
Charlotte Kunz
Martina
Sophia & Yannik

Gebetsfähnchen

MATERIAL

* Transparentpapier, DIN A4, fest in Weiß, Rot, Blau-Lila, Türkis und Sonnengelb und/oder Regenbogen-Transparentpapier, DIN A2
* Lackstift in Gold
* Flüssige Acrylfarbe in Dunkelblau
* Bandzugfeder in Stärke 3 bzw. 1,5
* Cutter
* Bindfaden bzw. Nylonfaden, schmal
* Bambusstab

Das tibetische Wort „rlung rta“ für Gebetsfahne wird auf Deutsch mit „Windpferd“ übersetzt. Bei diesem buddhistischen Brauch werden bunte Stofffahnen mit Symbolen und Mantras bedruckt und in den Wind gehängt, um die Gebete in den Himmel zu tragen.

Meine eigenen „Gebetsfähnchen“ beschreibe ich mit unterstützenden und positiven Worten oder kleinen Texten und hänge sie entweder an die Wand oder ans Fenster. Vor dem Fenster hängend scheint das Licht sehr schön durch, da das Material aus festem, farbigem Transparentpapier besteht, das es in DIN A4 Bögen im Schreibwarenhandel zu kaufen gibt.

Für die untere Fähnchenreihe schneiden Sie das Papier in kleine Quadrate von 7 cm x 7 cm, falten oben ein kleines Stück nach innen. Sobald die kleinen Blätter beschrieben sind, gehen Sie mit einem Klebestift über die Faltung und drücken einen durchgehenden Bindfaden daran fest. Zwischen zwei Blättern lassen Sie ca. 1,5 cm Platz. Beschrieben sind die Blättchen mit der Bandzugfeder in Stärke 3 und flüssiger Acrylfarbe in Dunkelblau (wegen der Wasserfestigkeit). Die Ornamente sind mit goldenem Lackschüttelstift gezeichnet.

Eine Variante davon ist der obere Bambusstab, an dem lange Streifen befestigt sind. Wenn Sie, wie oben beschrieben, 7 cm große Quadrate aus dem DIN A4 Bogen schneiden, bleibt am Ende ein ca. 2 cm breiter Streifen übrig. Sie können entweder diese Streifen verwenden oder Streifen direkt aus DIN A2 Regenbogen-Transparentpapier schneiden und die Breite bzw. Länge selbst wählen. Beschrieben sind sie mit einem zusammenhängenden Text von vorne nach hinten mit einer Bandzugfeder in Stärke 1,5 und dunkelblauer, flüssiger Acrylfarbe. Danach werden sie mit Kleber bestrichen und um einen Bambusstab herum festgeklebt.

▶ Mehr zum **Gebetsfähnchen** im Video

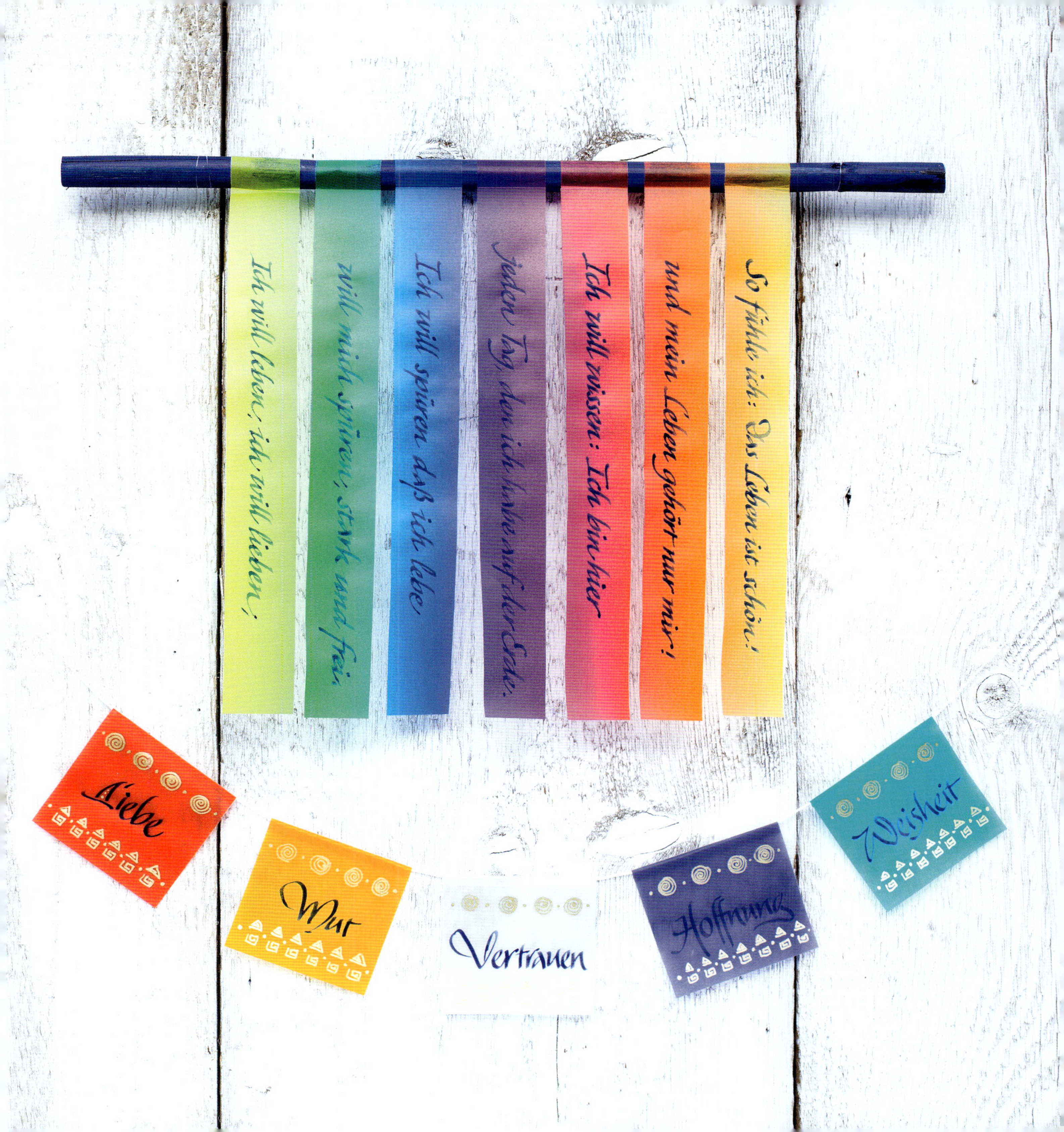
Ich will leben; ich will lieben;
will mich spüren; stark und frei.
Ich will spüren daß ich lebe
jeden Tag, den ich habe auf der Erde.
Ich will wissen: Ich bin hier
und mein Leben gehört nur mir!
So fühle ich: Das Leben ist schön!
Liebe
Mut
Vertrauen
Hoffnung
Weisheit

Lampen

MATERIAL

* Glaslampe, mattiert
* Skizzenpapier, DIN A3
* Acrylfarbe in Gelb, Maigrün und Rot
* Flüssige Acrylfarbe in Rot
* Tinte in Hellgrün und Dunkelgrün
* Bandzugfeder in den Stärken 1, 2 und 3
* Balsaholz

Diese Lampen sind eine wunderbare Geschenkidee! Ich selbst habe schon mehrere davon verschenkt und auch einige als Auftragsarbeit mit aufbauenden Sprüchen oder Tauf, Kommunions-, und Konfirmationssprüchen beschrieben. Meist gestalte ich sie mit den Farben Gelb, Orange und Rot, was ein warmes, schönes Licht ergibt.

Der Lampenkörper besteht aus einer einfachen viereckigen mattierten Glaslampe inklusive Elektrik, die man für ca. 6 Euro in Möbelhäusern erwerben kann.

Der beschriebene Mantel ist aus einem DIN A3 Bogen Nostalgie-Papier von Hahnemühle. Diesen – oder am besten gleich mehrere Bögen auf einmal – bemalen Sie mit Acrylfarbe. Hierfür nehme ich nicht die teuren Farben aus der Tube, sondern die Schmincke Akademie-Acrylfarbe aus der Flasche. Auch hier lohnt sich der Griff zu der hochwertigeren Farbe, weil die Farben leuchtender sind.

Bei der gelben und der orangefarbenen Lampe vom Foto habe ich die Farbe in kreisenden Bewegungen aufgetragen, da dies später an eine Sonne erinnern lässt. Sie können die Farbe jedoch auch in ruhigen Strichen mit einem breiten Flachpinsel Bahn für Bahn auftragen oder Sie nehmen einen Schwamm, um die Farbe ganz gleichmäßig zu verwischen.

Die Lampe selbst ist ca. 22 cm hoch, was einen Papierüberstand von ca. 8 cm ergibt. Einen Teil davon schneiden Sie ab und kleben ihn oben fest. Bei der gelben Lampe habe ich unten zusätzlich einen roten Streifen mit Ornamenten festgeklebt, den ich aus einem anderen Blatt ausgeschnitten hatte.

Wie Sie Ihren Entwurf auf das Papier übertragen, können Sie im Kapitel „Praktische Tipps rund ums Schreiben“ ab Seite 16 nachlesen.

Im Fall der gelben Lampe habe ich mit Bandzugfedern in den Stärken 1, 2 und 3 und mit flüssiger roter Acrylfarbe geschrieben.

Wenn Sie wollen, können Sie auch die Seitenteile beschreiben, z. B. mit einem einzigen großen Wort und einer breiten Feder.

Oder Sie stechen mit Nadeln und Nägeln unterschiedlicher Größe von innen nach außen kleine Löcher ein, um so in eingeschaltetem Zustand „Lichtsternchen“ zu bekommen wie man es bei der orangefarbenen und grünen Lampe sehen kann. Beim Einstechen müssen Sie das Papier sehr vorsichtig festhalten, um keine Knicke zu bekommen!

Die reizvolle grüne Lampe ist ausnahmsweise nur mit Balsaholz in Hell- und Dunkelgrün bemalt.

▶ Mehr zu den **Lampen** im Video

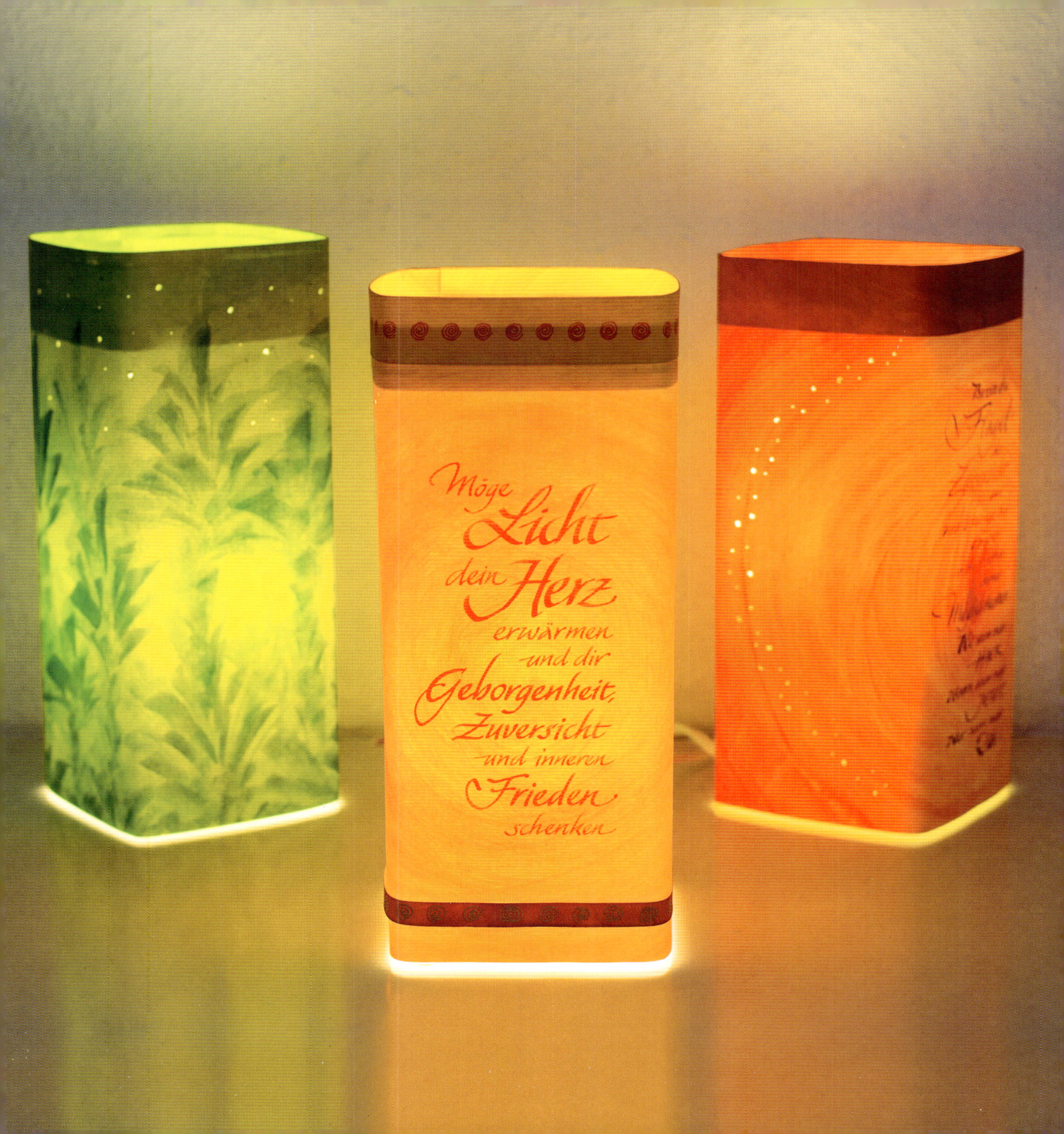
Möge
Licht
dein Herz
erwärmen
und dir
Geborgenheit,
Zuversicht
und inneren
Frieden
schenken

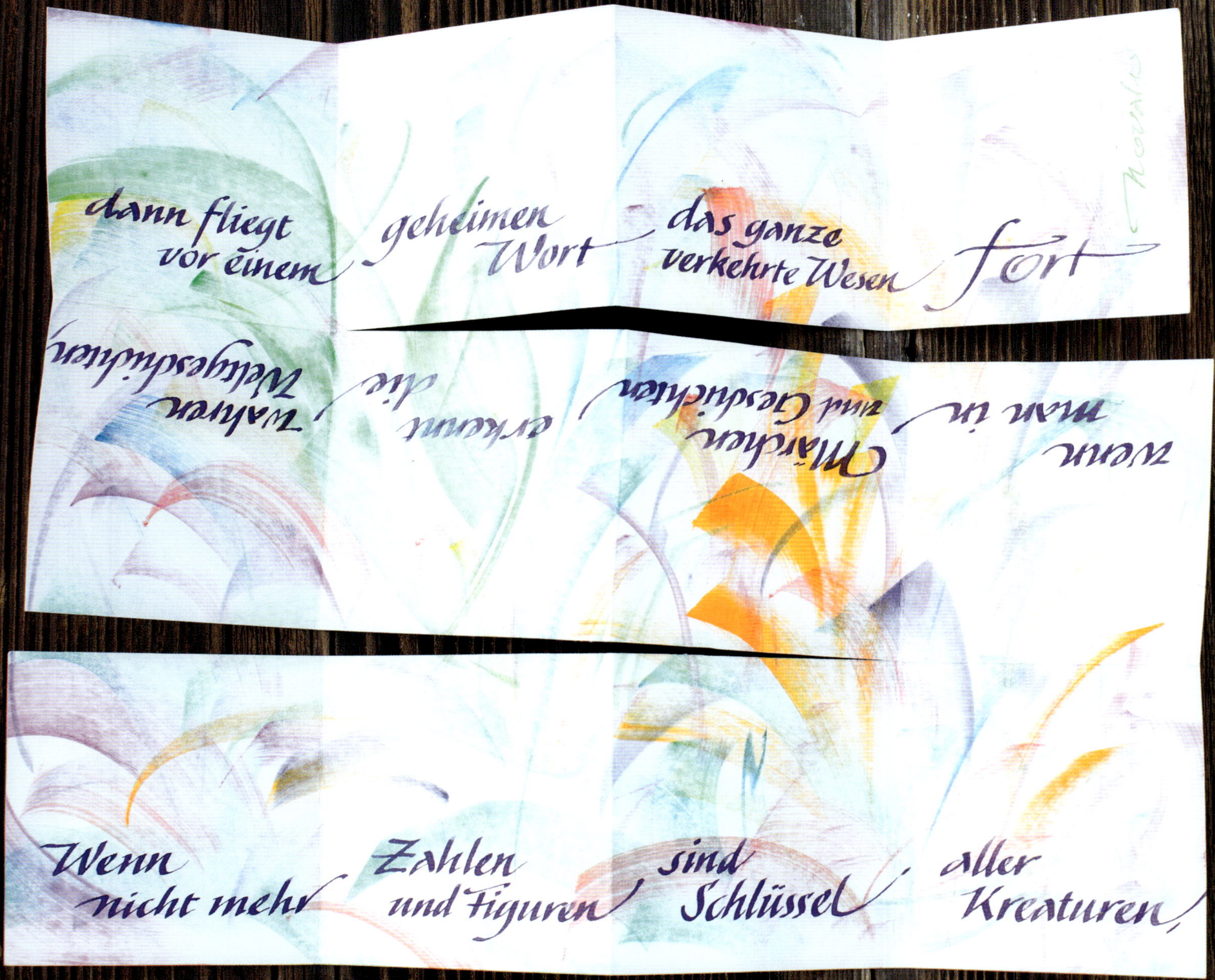
dann fliegt vor einem
geheimen Wort
das ganze verkehrte Wesen
fort
wenn man in
Märchen und Geschichten
erkennt die
wahren Weltgeschichten
Wenn nicht mehr
Zahlen und Figuren
sind Schlüssel
aller Kreaturen,

Kleine Faltbüchlein

MATERIAL

* Skizzenpapier, DIN A4
* Tinte
* Bandzugfeder in Stärke 3
* Balsahölzer
* Cutter
* Schneidebrett

Für das Kästchen:

* Pappe
* Papier zum Bekleben

Ein solches Faltbüchlein ist eine witzige Idee, weil man es auf unterschiedliche Weisen betrachten kann, einmal aufgefaltet zu einem Ganzen oder zusammengefaltet wie ein Büchlein.

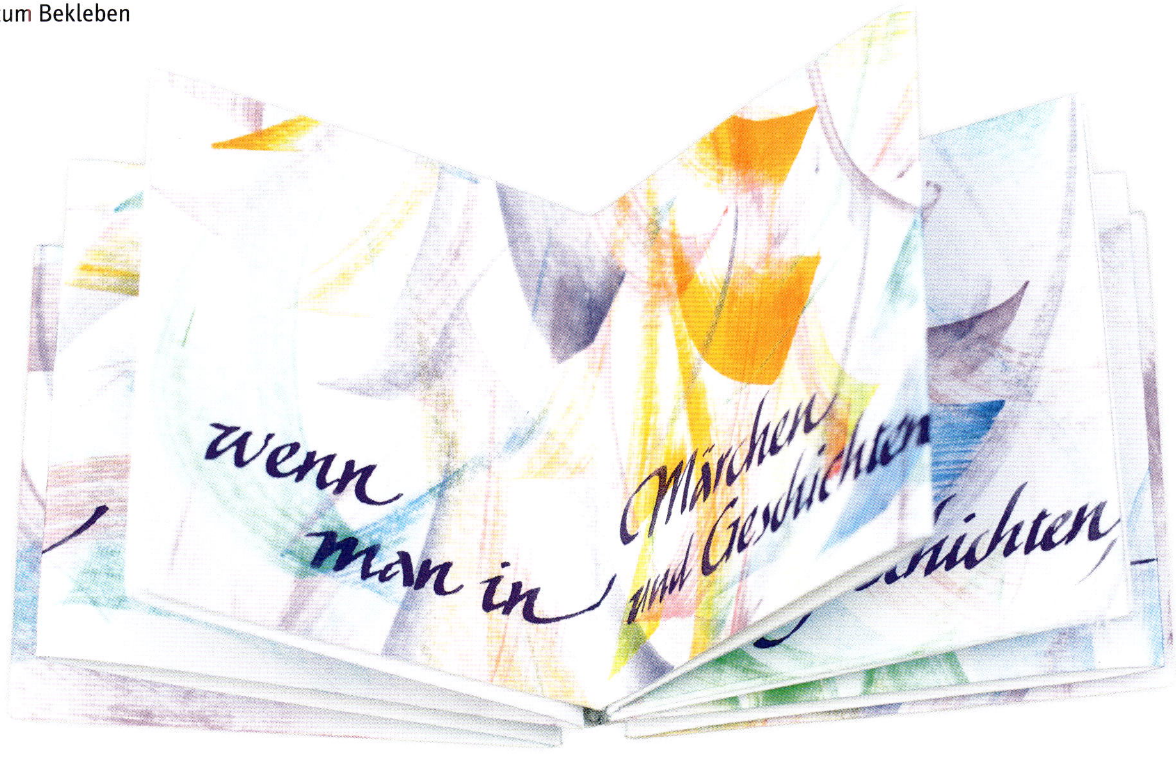

Mehr zu den **Faltbüchlein** im Video

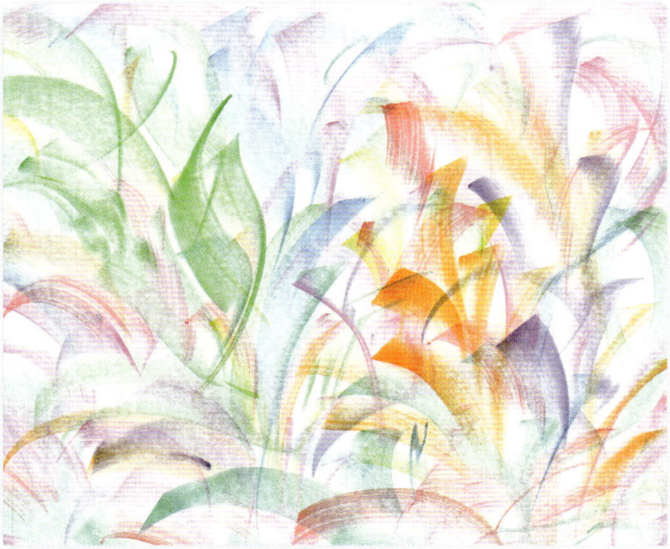

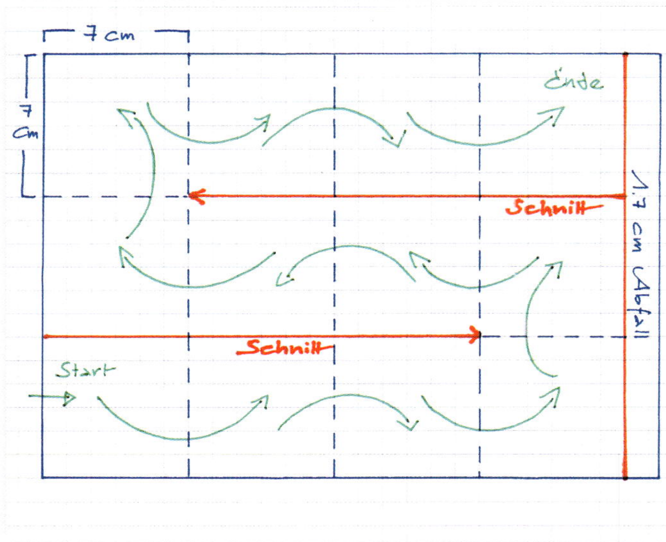

Im ersten Schritt bemalen Sie ein DIN A4 Blatt mit Balsaholz. Ich habe hier die Hölzer mit den verschiedenen Farben nach dem Eintunken auf einem Schmierblatt so lange abgestreift, bis ich den gewünschten pastellfarbenen, durchscheinenden Effekt hatte und bin dann erst auf mein „gutes" Blatt gegangen und habe mit leichten, schwingenden Bewegungen die Farben aufgetragen.

Nach dem Bemalen drehen Sie ihr Blatt um und zeichnen auf der Rückseite 12 Quadrate à 7 cm ein. Dabei bleibt ein Streifen von ca. 2 cm an der Seite übrig, den Sie abschneiden und zur Seite legen. Sie können ihn am Ende dazu verwenden, ein Band um das gefaltete Büchlein zu schlingen, indem Sie die Enden zu einem Ring festkleben.

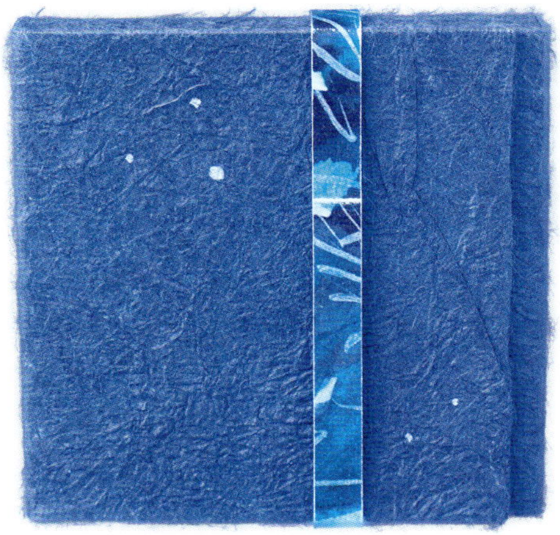

Als Nächstes schneiden Sie, wie auf dem Modell links zu sehen, das Papier von zwei Seiten je zu drei Vierteln ein. Nun beginnen Sie wie angezeigt, das Papier sehr sorgfältig zu falten (Achten Sie darauf, dass es später sauber übereinander passt): das erste nach innen, das nächste nach außen usw. Dabei gehen Sie einfach um die beiden Ecken herum weiter.

Schließlich übertragen Sie Ihren Entwurf auf das wieder auseinandergefaltete Papier. Achten Sie immer sorgfältig darauf, dass Sie in der richtigen Richtung bleiben.

Um dem Büchlein einen zusätzlichen Wert zu geben – vielleicht „verstecken" Sie darin ja eine ganz besonders schöne Botschaft für einen geliebten Menschen –, können Sie sich eine Schachtel aus Pappe basteln, die Sie innen und außen mit Papier bekleben (in meinem Fall von Seite 76 mit Japan-Papier).

Hier angefügt habe ich ein Modell des Kästchens. Das Papier wird umgeknickt und zusammengelegt, gehalten wird die Schachtel durch ein Bändchen oder einen weiteren Reststreifen bemaltes Papier.

Beschrieben ist das Blatt mit einer Bandzugfeder in Stärke 3 und fliederfarbener Tinte. Auf dem Foto des auseinandergefalteten Papiers auf der vorherigen Seite können Sie den Weg genau nachvollziehen. Der Spruch läuft so, dass Sie, wenn Sie das Blatt gefaltet haben, wie in einem kleinen Büchlein jeweils zwei Seiten aufblättern können, auf denen unten der Spruch steht.

Wenn Sie das Büchlein wie auf dem Foto unten wie eine Ziehharmonika gefaltet aufstellen wollen, dann geht das nur, indem Sie die beiden zusammenhängenden Stellen durchtrennen und zusammenkleben. In dem Fall können Sie das Büchlein nicht mehr zu einem Blatt auseinanderfalten. Je nach Entwurf entscheiden Sie selbst, welche Variante interessanter ist.

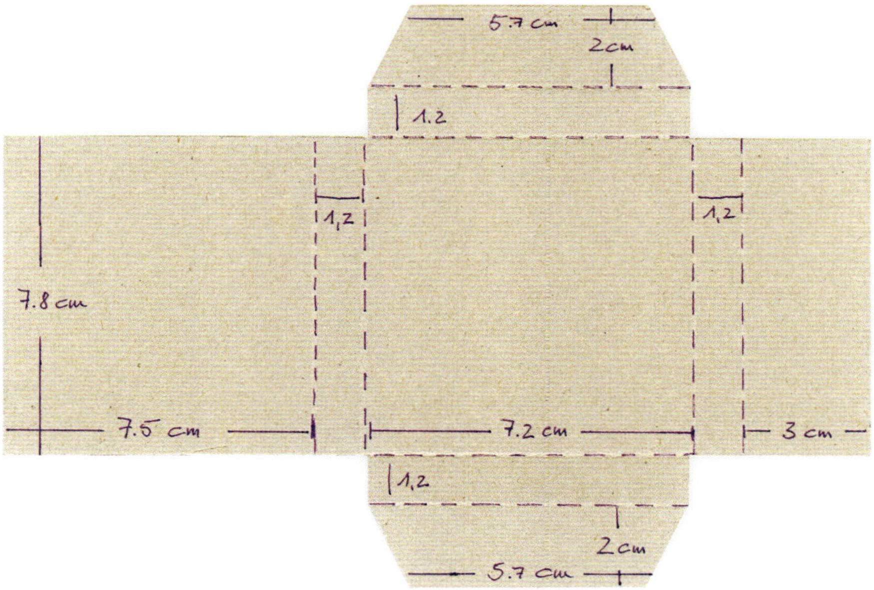

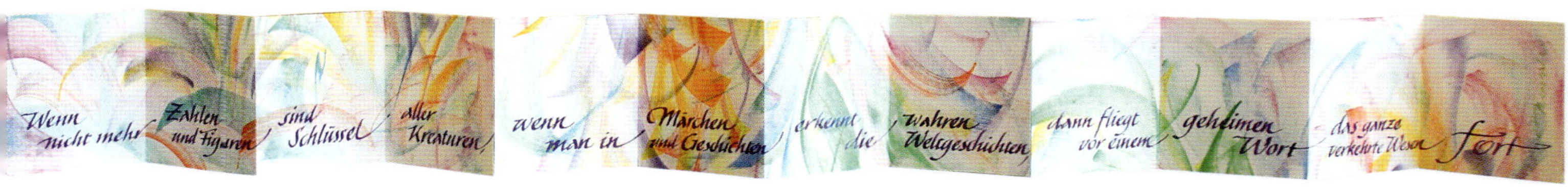

Kräuter- und Gewürzeliste

MATERIAL

* Skizzenpapier, DIN A2 oder A3
* Tintenroller in Blau
* Buntstifte, verschiedene Farben

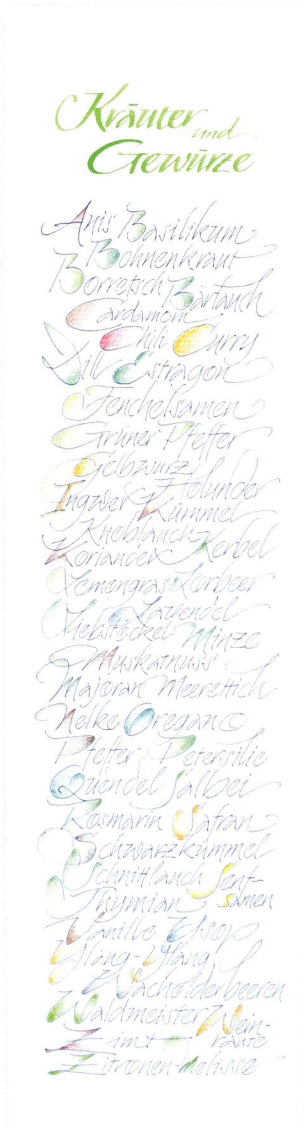

Diese Liste habe ich bewusst auf ein hohes Panoramaformat geschrieben, weil die eng geschriebenen Namen zum einen durch die geringe Breite leichter zu lesen sind und zum anderen weil dieses Format sehr anziehend wirkt. Natürlich ist es auch möglich, ein ganz anderes Format zu wählen – z. B. passend zum freien Platz zwischen dem Küchenschrank und dem Kräuterregal.
Man könnte Kräuter und Gewürze auch getrennt auf jeweils separate Papiere schreiben, die man später nebeneinander aufhängen kann.

Geschrieben habe ich die Liste mit einem blauen Tintenroller in einer schwungvollen Mischform aus der kursiven Basisschrift und meiner eigenen Handschrift. Die Anfangsbuchstaben habe ich in der ungefähren Farbe des Krautes oder Gewürzes mit Buntstift ausgefüllt.
Wenn Sie Ihre fertige Liste laminieren oder laminieren lassen, können Sie sie überall aufhängen: an der Tür zum Kräutergarten wie auf dem Foto, im Gewächshaus, in der Küche oder im Esszimmer.

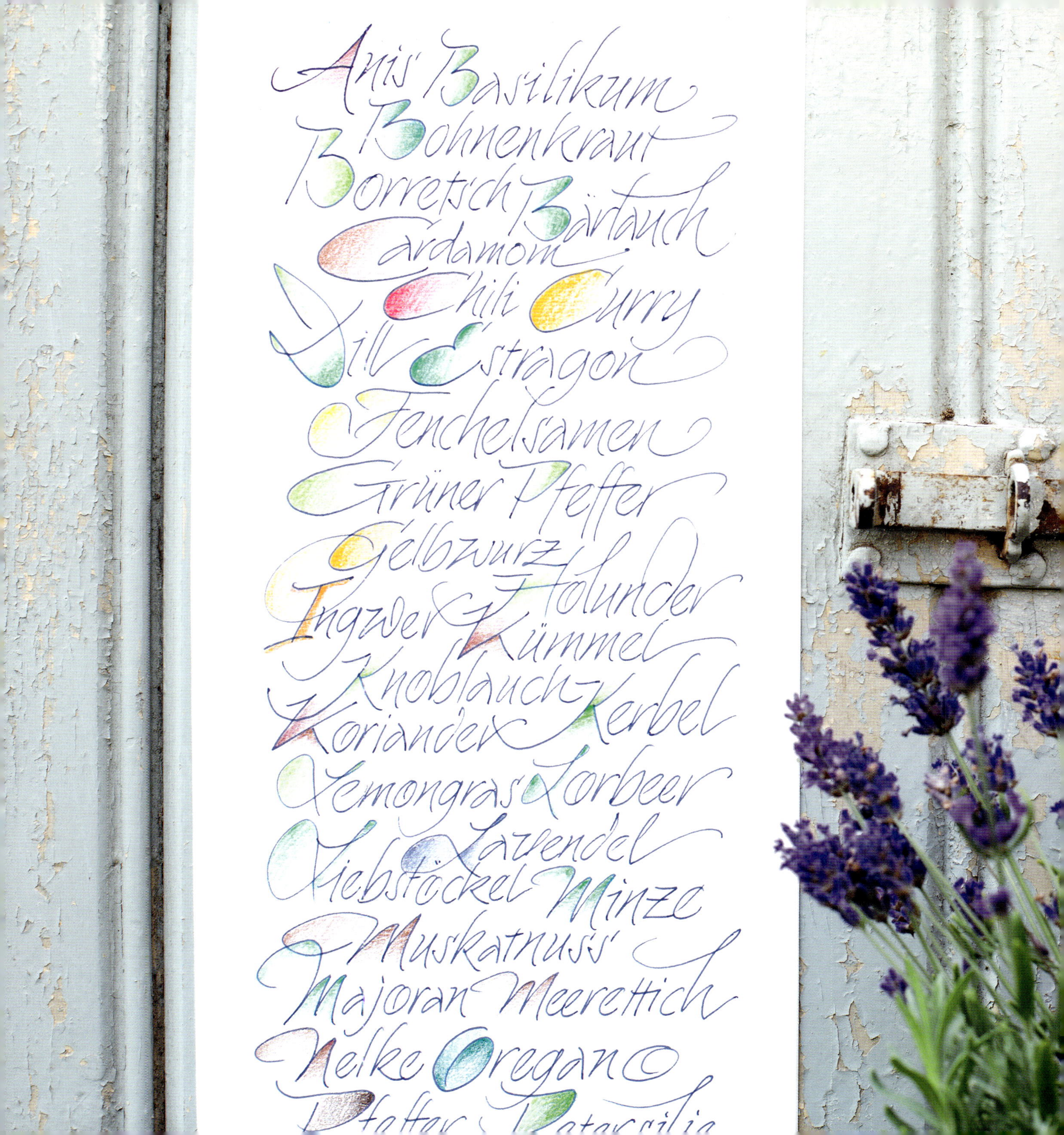
Anis Basilikum
Bohnenkraut
Borretsch Bärlauch
Cardamom
Chili Curry
Dill Estragon
Fenchelsamen
Grüner Pfeffer
Gelbwurz
Holunder
Ingwer Kümmel
Knoblauch
Koriander Kerbel
Lemongras Lorbeer
Lavendel
Liebstöckel Minze
Muskatnuss
Majoran Meerettich
Nelke Oregano

Leporello

MATERIAL

- Skizzenpapier, DIN A2 oder DIN A3
- stabile Pappe
- Papier zum Bekleben
- Balsaholzblätter
- Tinte
- Bandzugfeder in den Stärken 3 und 1,5
- Cutter
- Bleistift

Für einen Leporello (zick-zack-artig gefaltetes Papier), ähnlich dem abgebildeten, brauchen Sie je nach Größe ein DIN A3 oder DIN A2 großes Blatt. Im Künstlerbedarfshandel kann man die großen Blätter einzeln kaufen.

Die Größe können Sie selbst entscheiden. Um den indianischen „Elemente“ Spruch nachzuschreiben brauchen Sie ein Papier, das in der Breite durch 6 teilbar ist. Vier Seiten, die offen stehen können und zwei Seiten, die jeweils links und rechts an einer minimal größeren stabilen Pappe festgeklebt sind. Die Pappe sollte vorher mit Papier nach Wunsch beklebt werden. Bei dem „Elemente“ Leporello ist es ein Öl-Papier, das ursprünglich rosa war – sehr schön, doch für mich leider nicht passend, daher habe ich es kurzum mit Tinte lasierend dunkeltürkis-grün bemalt.

Den Spruch habe ich mit unterschiedlichen Farben (angepasst an das jeweilige Element) mit Bandzugfeder in Stärke 3 bzw. 1,5 geschrieben. Feuer, Wasser, Wolken und Baum habe ich auf Balsablättern, die von der Farbe her passten, aufgezeichnet, dann ausgeschnitten und aufgeklebt.

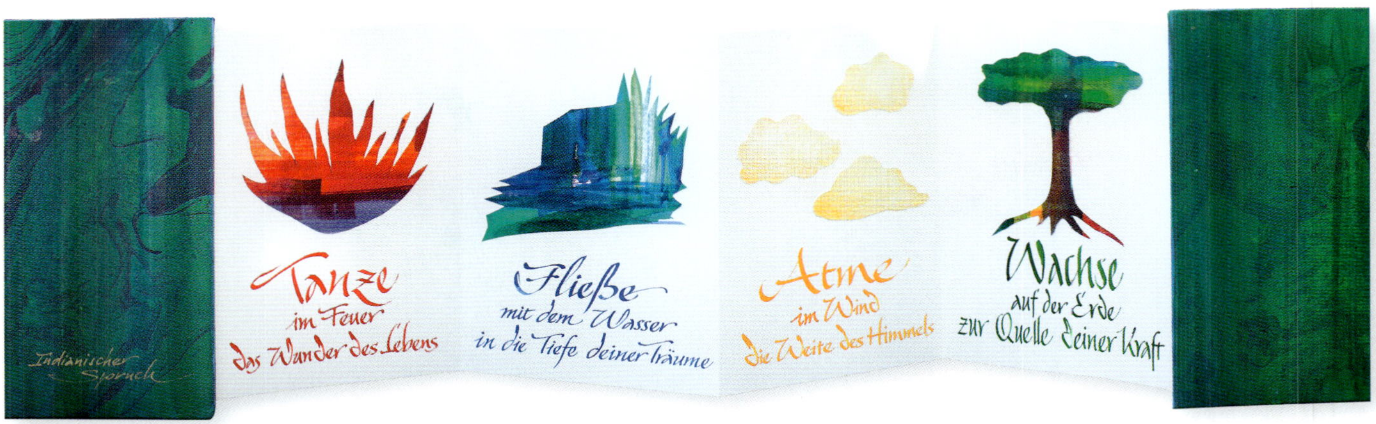

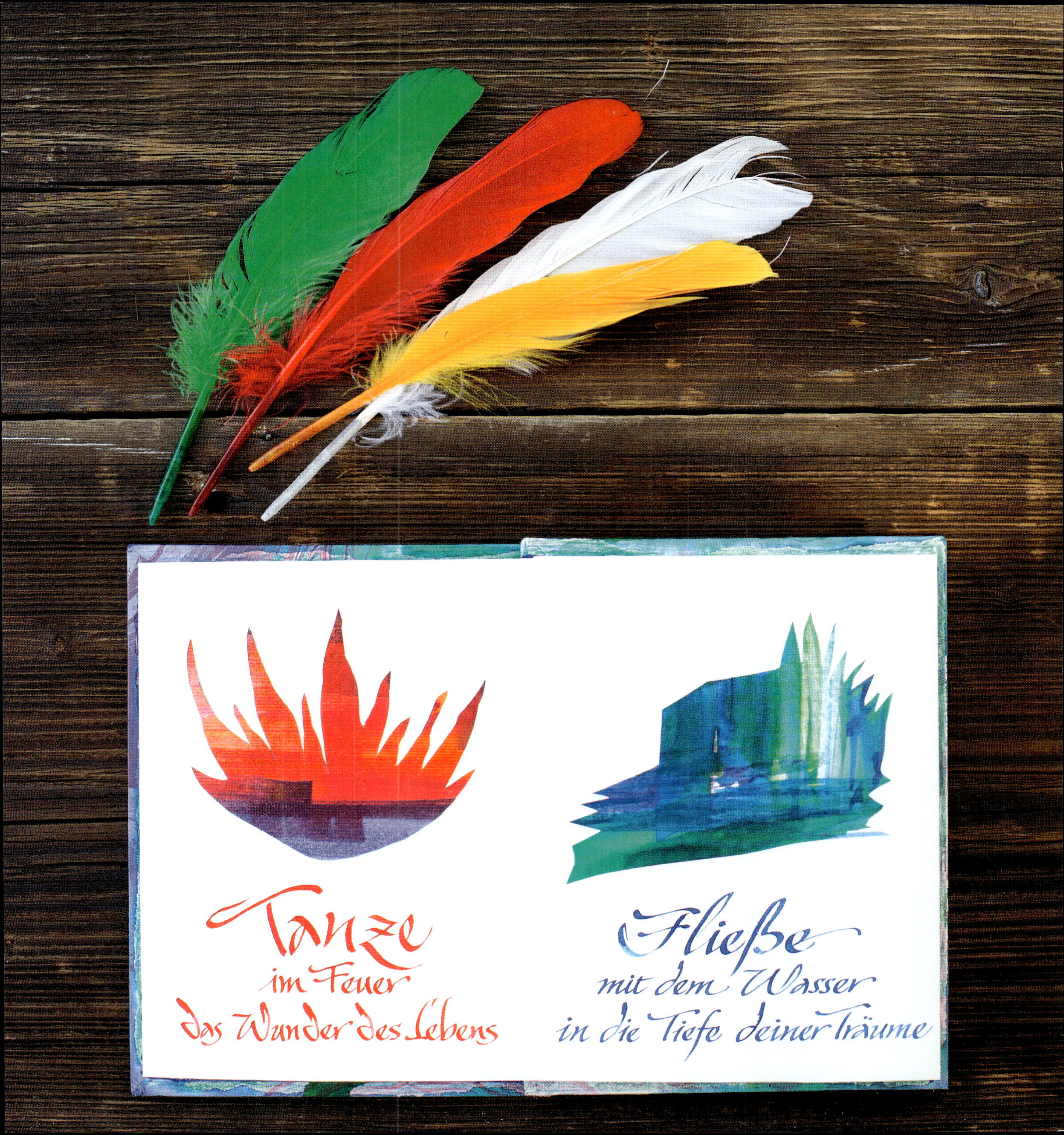
Tanze
im Feuer
das Wunder des Lebens
Fließe
mit dem Wasser
in die Tiefe deiner Träume

Leinwandbilder

MATERIAL

* Keilrahmen, z. B. 20 cm x 30 cm
* Acrylfarbe, z. B. in Phthalogrün und Kobaltblauton dunkel aus der Flasche und Weiß und Gold aus der Tube
* Balsaholz
* Plakatfeder
* Bandzugfeder, Stärke 0,7 und stärker
* Window-Color-Farbe in Gold
* Organza-Geschenkband in Blau

Die beiden abgebildeten Leinwände auf Keilrahmen sind beide ca. 20 cm x 30 cm groß. Zuerst habe ich sie mit Acrylfarbe in Smaragd und Blau gleichmäßig bemalt und die Farbe trocknen lassen.

Dann habe ich meine Entwürfe auf die Bilder übertragen. Wie im Kapitel „Verbindung von Schrift und Farbe“ beschrieben, habe ich mit einem gefalteten Papier eine Art Lineal simuliert, um gerade zu schreiben.

Auf dem linken Bild habe ich das **„Leben leben“** mit goldener Acrylfarbe und einer Plakatfeder geschrieben, das Ornament und die Sternchen sind mit goldener Window Color-Farbe aufgetragen und erhaben getrocknet, der Text ist mit einer Bandzugfeder in Stärke 0,7 geschrieben.

Bei dem rechten Bild habe ich den Text **„Liebe das Leben, das du lebst, lebe das Leben, das du liebst“** in eine Schriftblume verwandelt. Der untere blaue Blütenring ist mit blauer Acrylfarbe aus der Tube und einem Balsaholz mit dem Wort „Leben“ beschrieben. Damit die Farbe hell genug wurde, habe ich sie mit Weiß gemischt.

Nach dem Trocknen habe ich mit der Bandzugfeder und verschiedenen Federstärken den Spruch darüber geschrieben, von innen nach außen. Durch die unterschiedliche Größe und Breite wird der Blütencharakter verstärkt. Beim letzten Ring habe ich die Feder sehr locker gehalten und sehr leichtfüßig geschrieben, sodass die Buchstaben manchmal etwas gebrochen sind. Am Ende war mir der Abstand nach oben und unten etwas zu groß – um das zu kaschieren, habe ich ein halbtransparentes, dunkelblaues Organza-Geschenkband an diese beiden Ränder geklebt, wodurch sich ein zusätzlicher schöner Effekt ergibt.

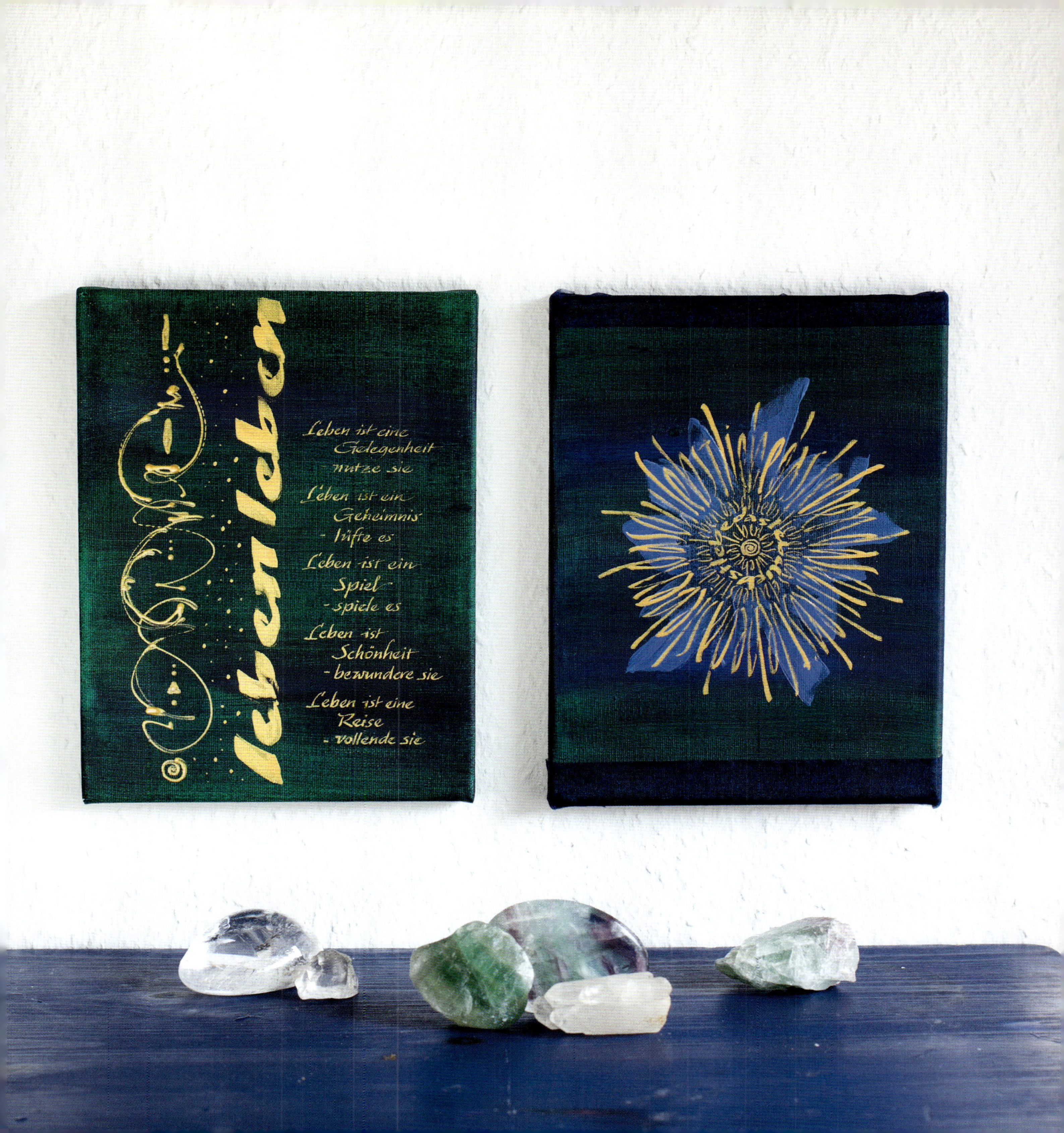
leben lieben
Leben ist eine Gelegenheit
nutze sie
Leben ist ein Geheimnis
- lüfte es
Leben ist ein Spiel
- spiele es
Leben ist Schönheit
- bewundere sie
Leben ist eine Reise
- vollende sie

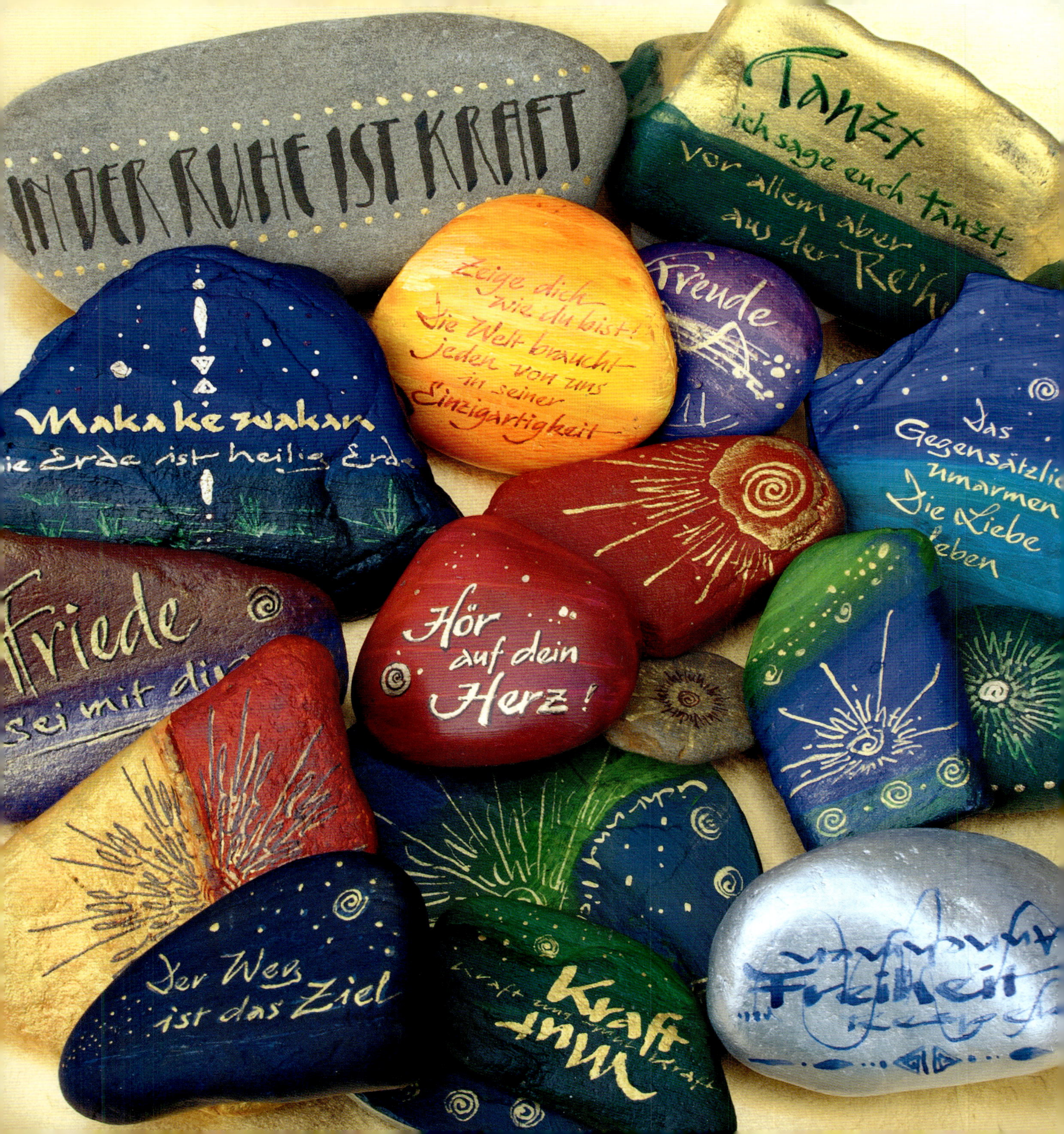
IN DER RUHE IST KRAFT
Tanzt
ich sage euch tanzt,
vor allem aber
aus der Rei
Zeige dich
wie du bist!
Die Welt braucht
jeden von uns
in seiner
Einzigartigkeit
Freude
Maka ke wakan
ie Erde ist heilig Erde
Das
Gegensätzlic
umarmen
Die Liebe
eben
Friede
sei mit di
Hör
auf dein
Herz!
Der Weg
ist das Ziel
Kraft
Mut
Freiheit

Beschriebene Steine

MATERIAL

* Steine, Kiesel oder Ähnliches, möglichst glatt
* Flüssige Acrylfarbe in dunklen Farben
* Acrylfarben in Gold und verschiedenen Farben
* Lackstift in Gold
* Kalligraphie-Filzstift in Stärke 3,5
* Bandzugfedern in Stärken von 0,5 bis 2,5
* Plakatfeder
* Pinsel

Ich war viele Jahre mit meinen Produkten auf Messen oder Kunsthandwerkermärkten und die beschriebenen Steine in ihrer leuchtenden Farbigkeit, alle zusammen auf einem Tablett untergebracht, haben meiner Erfahrung nach viele Menschen geradezu magisch angezogen. Zum Schreiben habe ich schon viele Steine ausprobiert, am besten eignen sich glatte Steine, Waschkiesel, geschliffener Granit z. B. bei Trittsteinen, Schiefer und ähnliches.

Ich kann beschriebene Steine nur wärmstens als Geschenk empfehlen! Wobei ich zugeben muss: Ein Stein alleine ist eine wunderbare Sache – aber: Die Wirkung erhöht sich tatsächlich durch eine Ansammlung.

Auf dem Foto sehen Sie oben links einen markanten Stein, der unbehandelt geblieben ist und seine Kraft, die in der Ruhe liegt, aus der grafisch wirkenden Schrift mit den gleichmäßigen Ornamenten bezieht. Hier habe ich mit einem dunkelgrünen Filzstift in Stärke 3,5 geschrieben.

Den Stein rechts habe ich mit einem sehr beliebten Zitat von Kurt Tucholsky beschrieben, das man nicht nur für Steine, sondern auch Karten, Lesezeichen oder Ähnliches gut verwenden kann.

Mehr zu den **beschriebenen Steinen** im Video

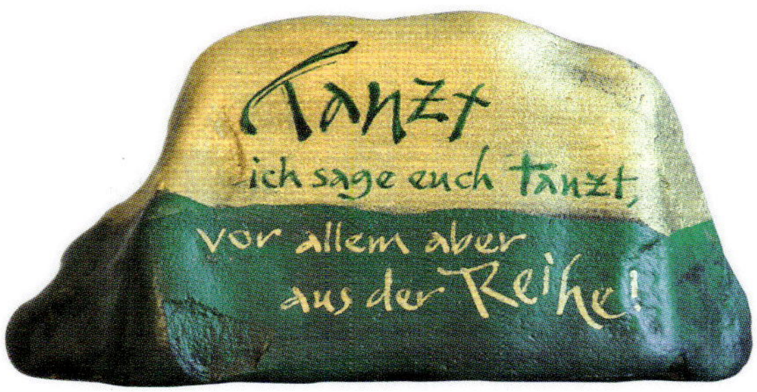

Die meisten Steine sind mit Acrylfarbe aus der Tube angemalt. Dazu ziehen Sie sich am besten einen Gummihandschuh an und streichen dann mit dem Pinsel die Farbe auf die Vorderseite.
Die Rückseite lasse ich meist unbemalt, es sei denn, es handelt sich um einen von selbst stehenden Stein, der vielleicht auch von hinten zu sehen sein wird.
Rote und gelbe Farbe ist nicht stark genug, um die dunkle Farbe des Steines zu verdecken. In diesem Fall bemale ich den Stein zuerst mit deckendem Acrylweiß, lasse ihn trocknen und gehe erst dann mit den hellen Farben darüber. Dies ist etwas aufwendig, lohnt sich aber, wie Sie an den leuchtenden Steinen sehen können!
Beschrieben sind die Steine mit flüssiger Acrylfarbe bzw. mit verdünnter Acrylfarbe in Gold aus der Tube. Geschrieben habe ich mit Bandzugfedern in verschiedenen Stärken – von 0,5 bei der feinen Schrift bis 2,5. Schattierungen kann man auch mit einem feinen CD-Marker setzten.

Der folgende runde Stein ist ein Granit-Trittstein aus dem Baumarkt. Beschrieben und bemalt mit Acrylfarbe (Faltfeder und kleine Bandzugfeder) und besprüht mit Klarlack kann er auf einem Grab oder im Garten liegen.

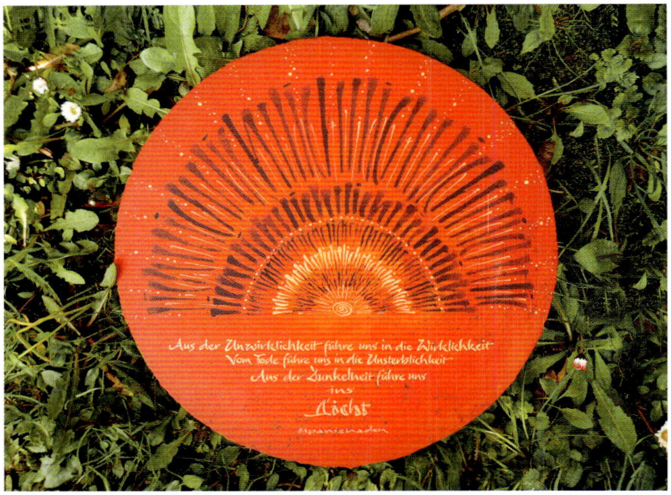

Eine Freundin hat dieses Zitat aus ihrem Urlaub auf Hawaii mitgebracht. Es bedeutet so viel wie: „Zolle deinen Fehlern Respekt und Achtung!“ Ein Spruch, der gut passt, wenn man Freude haben will an seiner oftmals unvollkommen ausgeführten Kreativität …

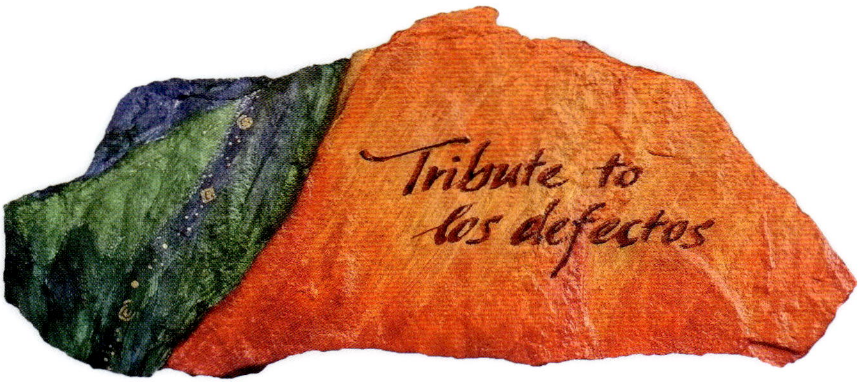

Einen Stein von Seite 86 habe ich mit dem Spruch „Maka ke wakan" beschrieben. Er stammt aus der Sprache der Lakota-Indianer und bedeutet: „Die Erde ist heilig". Den indianischen Wortteil habe ich mit einem Schüttelstift in Gold geschrieben, ebenso wie das Ornament und das angedeutete Gras auf dem unteren Teil. Bei Letzterem habe ich dann mit durchscheinender (lasierender) Acrylfarbe in Grün nochmal darübergemalt, wodurch der leuchtend-farbige Effekt entsteht.

Ein Sonderfall ist die Kachel unten mit dem Trost-Spruch. Es handelt sich hier um eine kleine Kachel, die eine glatte, aber dennoch aufgeraute Oberfläche hat, auf der die Farbe halten kann. Man könnte hinten einen Aufhänger befestigen, um sie an der Wand aufzuhängen, man kann sie aber auch auf ein Grab oder in den Garten legen. Da sie mit Acrylfarbe bemalt und beschrieben ist, ist sie auch wasserfest. Um sie wetterbeständig zu machen, kann man sie mit farblosem Lack besprühen.

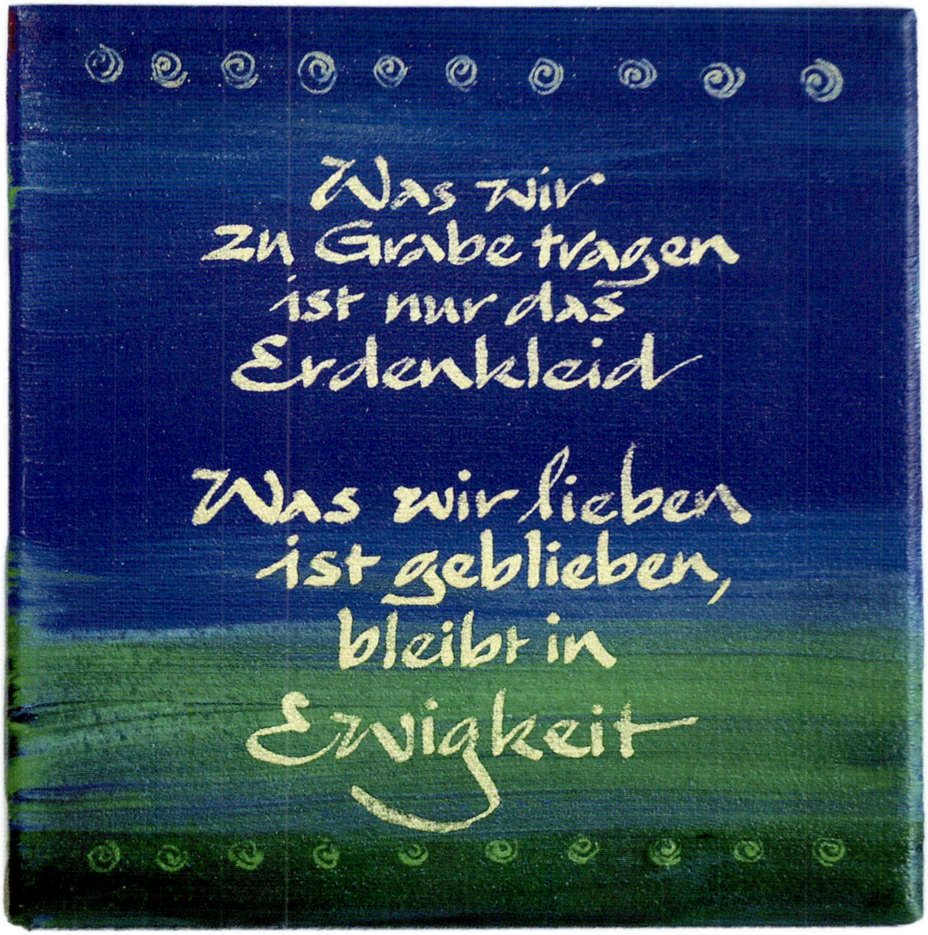

Impressionen

Hier sehen Sie einige Ausschnitte aus einem farbigen Balsaholzblatt, die ich mithilfe von Schablonen rausgesucht habe. Diese einfache Technik ohne Schreiben eignet sich übrigens auch für Kinder, denen die Beschäftigung mit der Farbe und den Hölzchen sehr viel Spaß macht!

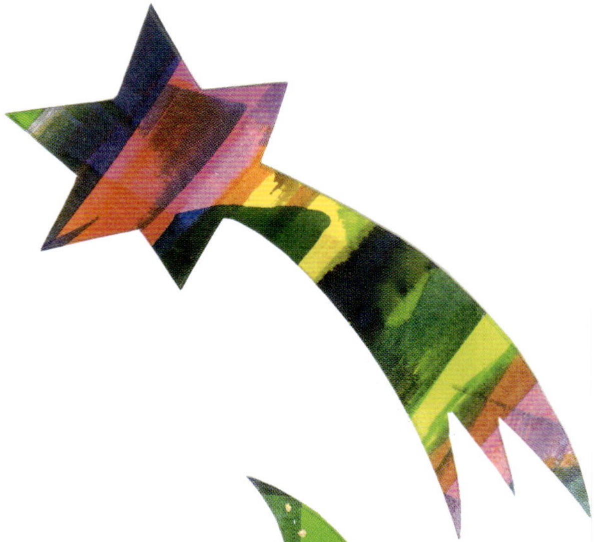

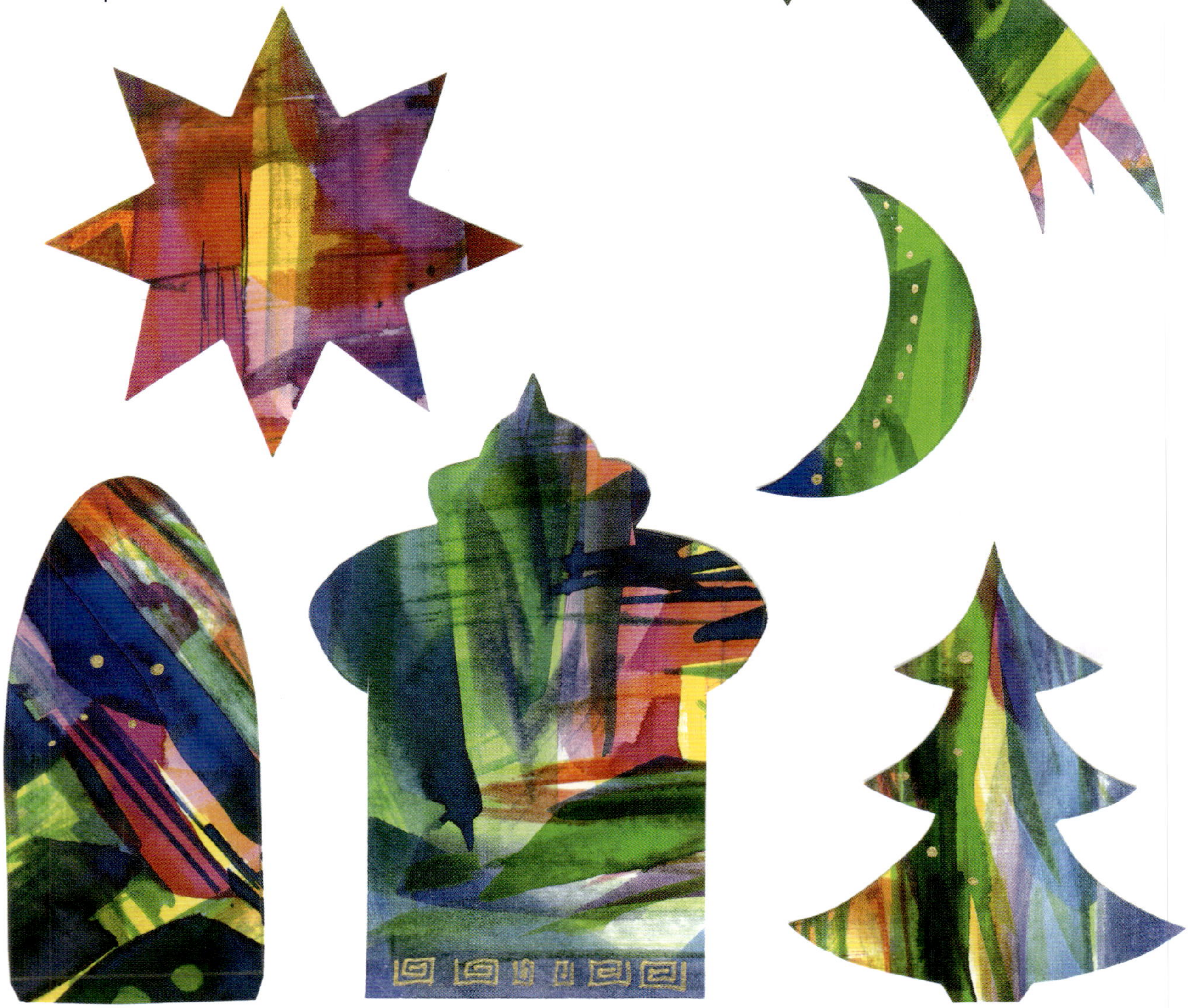

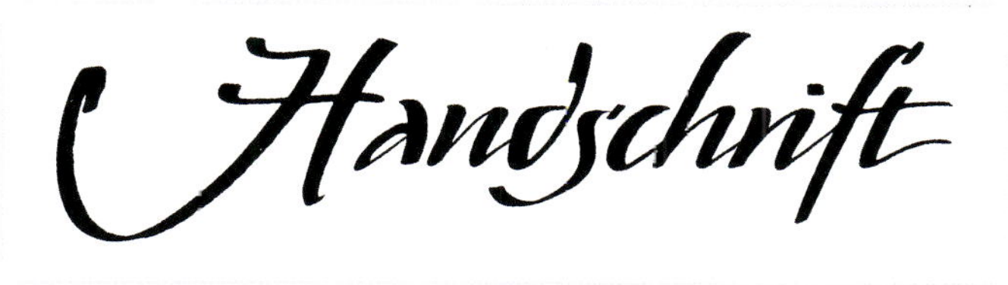

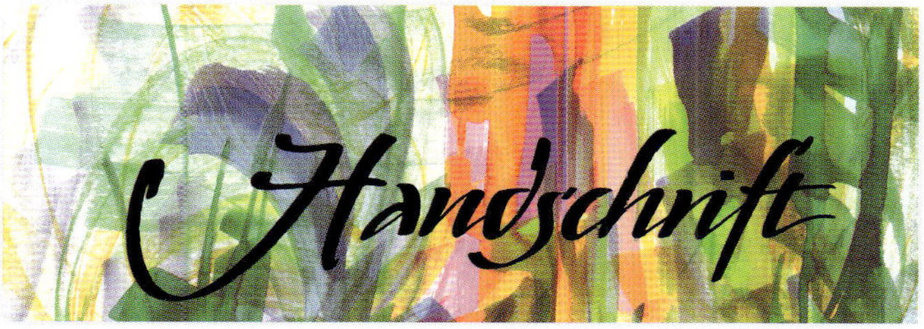

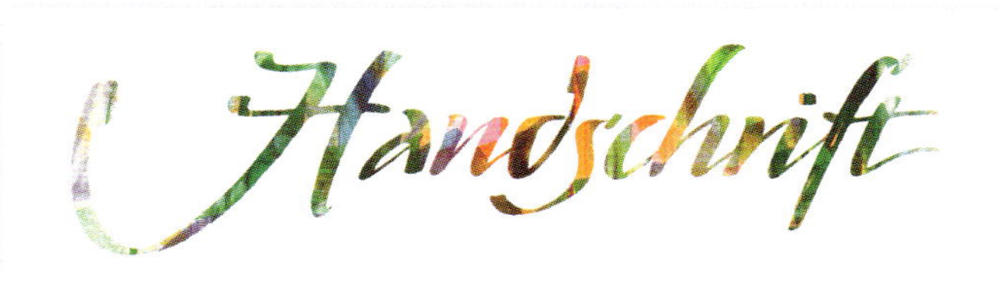

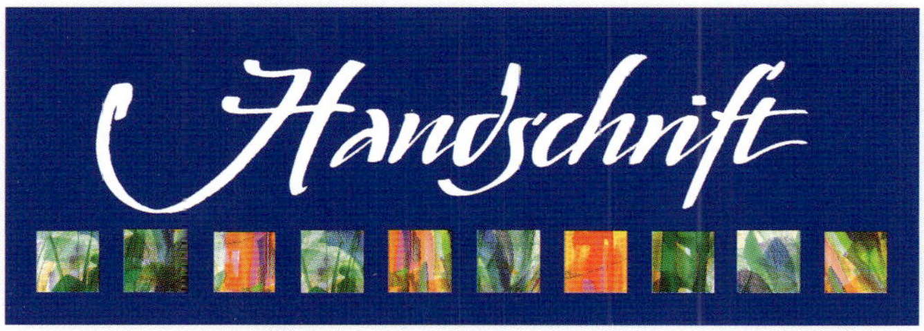

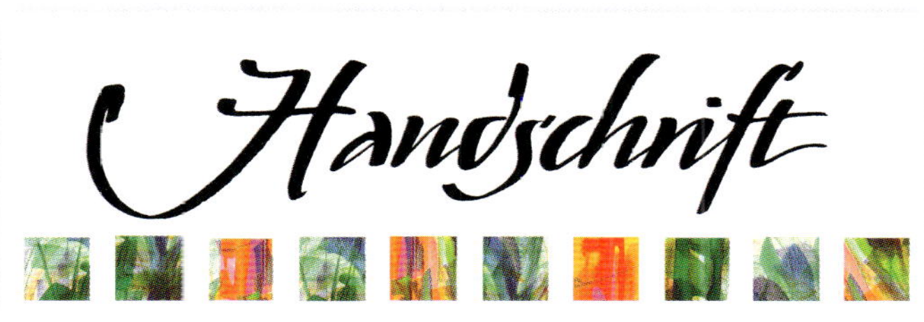

Hier sehen Sie das Wort „Handschrift“ in verschiedenen Variationen, damit Sie unterschiedliche Wirkungen beobachten können. Sie können einen ausreichend dick geschriebenes Wort beispielsweise aus einem Balsaholzblatt ausschneiden und aufkleben. Natürlich ist das eine relativ mühsame Kleinarbeit, sieht oft aber wunderbar aus. Aus Zeitgründen habe ich den Schriftzug mit Photoshop® am Computer „ausgeschnitten“, ebenso wie die farbigen Kästchen bei den beiden letzten Beispielen. Der letzte Schriftzug ist ebenfalls am Computer in Weiß umgedreht worden.

Hier sei kurz angemerkt, dass die Arbeit am Computer nochmal ganz neue, nicht zu verachtende Möglichkeiten zum Spiel mit dem Handgeschriebenen eröffnet.

DVD Material

Die DVD beinhaltet sowohl ein Video als auch Material zum Üben. In dem Video zeige ich Ihnen Anwendungen, Details und Techniken, die ich bereits im Buch beschrieben habe, die aber leichter zu verstehen sind, wenn man sie sieht. Da wir nur einen Drehtag zur Verfügung hatten, ist es leider nicht möglich gewesen, alles aufzunehmen, was ich gerne vorgeführt hätte. Ich hoffe, Sie erleben beim Schauen auf jeden Fall Aha-Erlebnisse!

Damit Sie die im Buch und Video vorgestellten Schriften üben können, finden Sie auf dieser DVD Material zum Üben. Dazu legen Sie die DVD in den Computer ein und öffnen den Ordner „Material zum Üben“. Sie gelangen so zu den 13 PDF-Dateien, die Sie mithilfe von Acrobat Reader® öffnen können. Anklicken, ausdrucken und schon können Sie mit der Schreibarbeit beginnen. Falls Sie keinen eigenen Computer haben, können Sie die Dateien sicher bei Freunden oder Bekannten ausdrucken lassen.

Die Alphabete sind auf den Vorlagen auf kariertem Papier geschrieben, damit der Größenvergleich leichter fällt. Die kleinen Texte zum Nachschreiben sollen Ihnen ein Gefühl geben für den Abstand zwischen Buchstaben, Wörtern und Zeilen. Sie sind in ihrer reinen Form erst einmal relativ starr. Sobald Sie die Buchstaben verinnerlicht und damit automatisiert haben, soll das nicht so bleiben! Auf manchen Blättern zeige ich, wie sich der Eindruck verändert, wenn ich mit lockerer Hand schreibe und etwas mehr Schwung in die Buchstaben bringe.

Material zum Üben

1 Basisschrift gerade geschrieben
2 Text zur geraden Basisschrift
3 Basisschrift schräg geschrieben
4 Basisschrift dick-dünn geschrieben
5 Basisschrift hoch gezogen
6 Basisschrift weit geschrieben
7 Basisschrift mit Bandzugfeder gerade geschrieben
8 Text zur Bandzugfeder gerade geschrieben
9 Basisschrift mit Bandzugfeder schräg geschrieben
10 Faltfeder (Colafeder) gerade geschrieben
11 Faltfeder schräg geschrieben
12 Ausgeschmücktes Alphabet
13 Schablonen

Video Menü

Schreibwerkzeuge und Tipps

Einführung
Die wichtigsten Werkzeuge
Bandzugfeder austauschen
Goldfarbe anrühren
Lockerungsübungen
Leuchttisch
Mittelsatz
Im Kreis schreiben

Das handgeschriebene Alphabet

Einführung
Die 45°-Haltung
Schnelles Schreiben
Faltfeder
Hoch und breit schreiben
Schmuckalphabet

Effekte mit dem Balsaholz

Einführung
Mit Balsaholz gestalten
Ausschnitte finden

Geschenkideen

Einführung
Lampen
Kleine Faltbüchlein
Aufsteller
Gebetsfähnchen
Beschriebene Steine

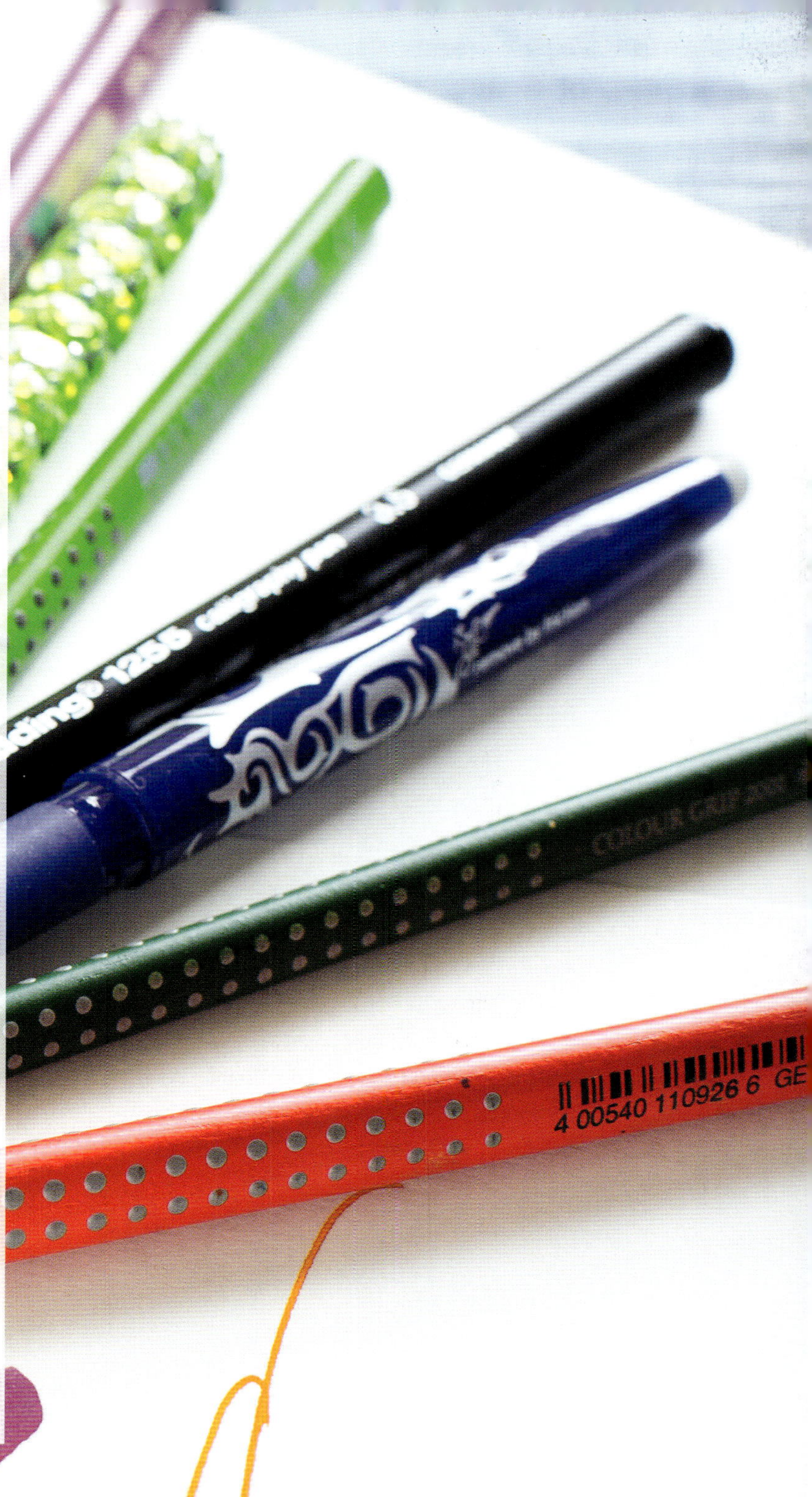

Zum Schluss

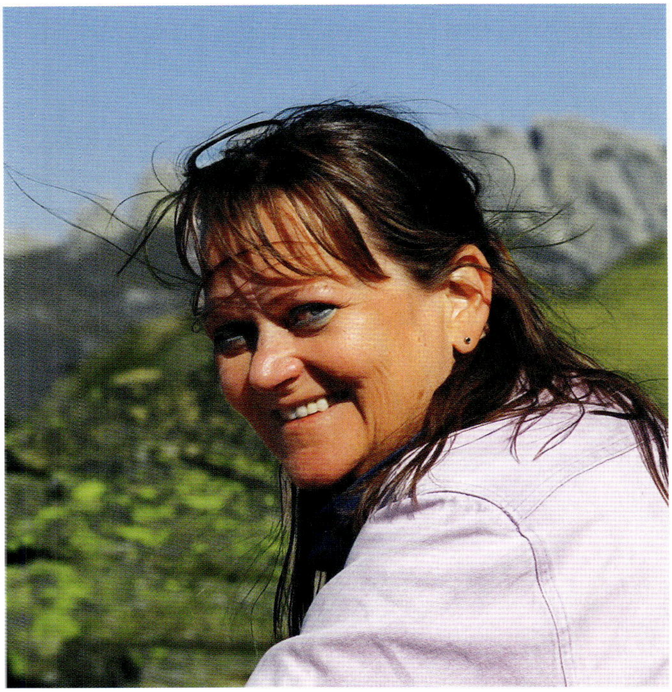

Vita

Charlotte Kunz lebt als freischaffende Schrift-Künstlerin in Aachen, wo sie auch ihr Examen als Diplom-Designerin abgelegt hat. Seit 1990 ist sie Dozentin für Kalligraphie und Gestaltung mit Schrift.
Sie ist Mutter von zwei Söhnen und auch die Zeit von 1991 bis 2008, die sie im „traditionellen Modell" mit ihren Kindern David und Simon verbracht hat, hat sie in ihrer Entwicklung als Künstlerin unterstützt. Charlotte Kunz ist zudem leidenschaftliche Chorsängerin. Das jahrzehntelange Singen im Aachener Chor „Carmina Mundi" hat sie dazu inspiriert, Worte, Texte und Musik in Schrift und Gestaltung zu „übersetzen".

Danke

Ich bedanke mich bei den Frauen meiner Jahres-Kalligraphiegruppe: Karin Gärtner, Sigrun Jeckel, Janine Hissel, Melanie Pütz, Birgit Baltzer, Petra Brammertz, Elisabeth Isselstein, Vanessa Mai und Vera Klos. Zum Teil schon seit fast 25 Jahren fördern und fordern sie mit ihrer Kreativität und ihrer Begeisterung für Schrift meine Fähigkeit, mein Wissen weiterzugeben. Ebenso wie zahllose andere Schülerinnen und Schüler, die seit 1990 meine Kurse besucht und mir oft neue Impulse gegeben haben. Und als Schülerin von internationalen Schriftkünstlern habe ich selbst oftmals ebenfalls lernen und Neues erfahren können.

Dann danke ich Michael Zirn für seine Aufmerksamkeit und schnelle Reaktion, mit der er dieses Buch ins Rollen gebracht hat, außerdem meinen beiden engagierten, hilfsbereiten und unterstützenden Ansprechpartnerinnen beim Verlag – Dr. Christiane Voigt und vor allem Nikolina Durcak, die mir auch beim Drehtag für die DVD wertvolle Unterstützung gab.

Der Fotografin Sandra Hauber danke ich für die inspirierte, kraftvolle und fließende Zusammenarbeit.

Bei meiner Freundin Martina Roß-Nickoll bedanke ich mich für ihre unermüdliche Unterstützung, wenn es darum ging, meinem eigenen, unkonventionellen, intuitiv geprägten Weg der Kreativität zu folgen und mit barscher Kritik umzugehen.

Und nicht zuletzt verdanke ich der Unterstützung meines Mannes Heribert Becker, dass ich immer wieder die erforderliche Zeit, Muße und Freiheit für die Umsetzung meiner Visionen und künstlerischen Ideen habe.

Im vorliegenden Buch habe ich schweren Herzens meine eigene „Leib-und Magen-Lieblingsfeder" gar nicht behandelt. Einmal um den Stoff zu begrenzen und zweitens, weil diese Zeichenfeder in ihren besten Formen weder einfach noch schnell zu besorgen ist. Und die in Deutschland noch üblichen Schulzeichenfedern sind zu fein und damit zu kompliziert in der Handhabung.

Falls Sie sich für diese Art des Schreibens – ohne Druck und Loslassen – interessieren, können Sie gerne auf meiner Webseite **www.kunz-kunst.de** Vieles nachlesen und sich über Kursangebote informieren.

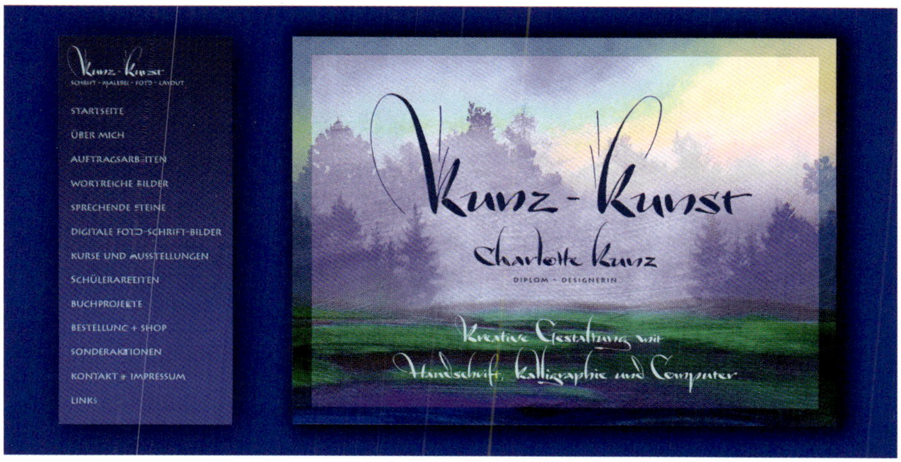

www.kunz-kunst.de

Buchempfehlung

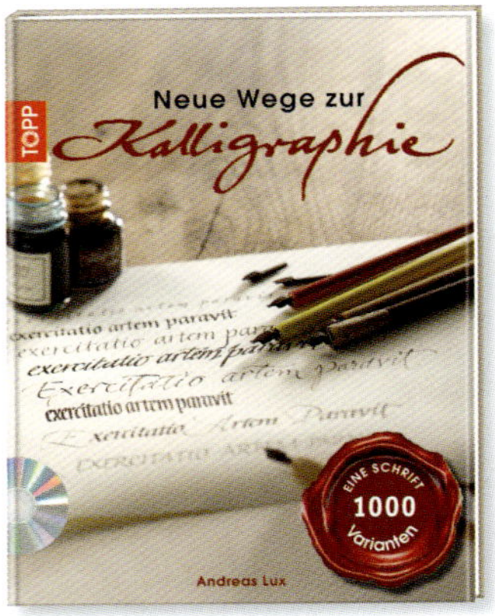

TOPP 6056

ISBN 978-3-7724-6056-2

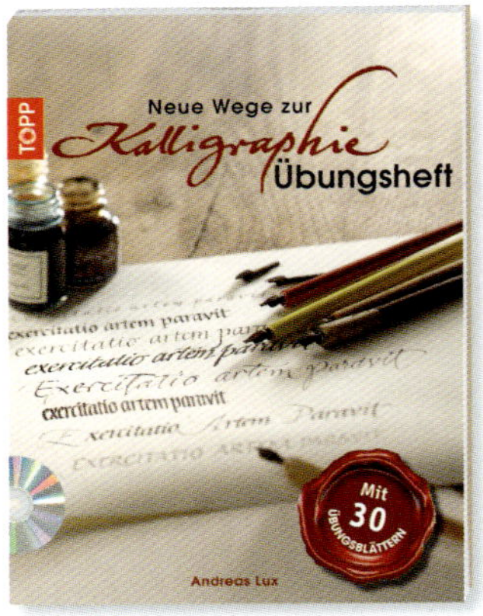

TOPP 6057

ISBN 978-3-7724-6057-9

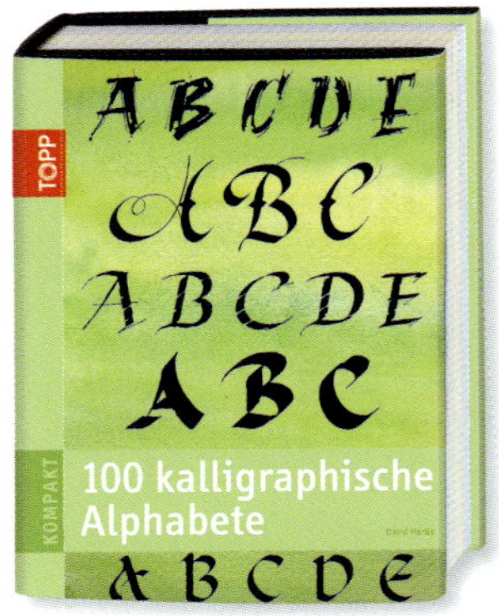

TOPP 6086

ISBN 978-3-7724-6086-9

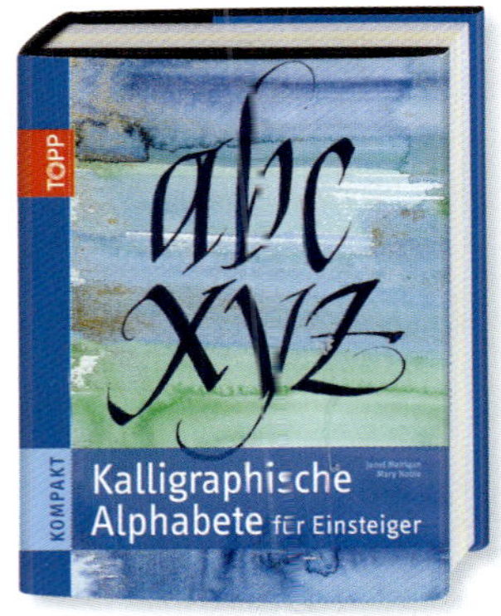

TOPP 6066

ISBN 978-3-7724-6066-1

PRODUKTMANAGEMENT UND LEKTORAT: Nikolina Durcak
KORREKTORAT: Wortographie, Julia Strohbach, Reutlingen
FOTOS: S. 14, 15, 20, 21, 66, 79, 86, 87, 88 und 89 Charlotte Kunz, S. 94 Heribert Becker, alle anderen Sandra Hauber
COVERGESTALTUNG: Charlotte Kunz
LAYOUTENTWURF: Steffi Rieck
SATZ: FSM Premedia GmbH & Co. KG, Münster
DRUCK UND BINDUNG: Jettenberger, internationale Druckagentur, Königsbrunn

1. Auflage 2014

ISBN 978-3-7724-6295-5 Best.-Nr. 6295